Heinz Weiß (Hg.)

Ödipuskomplex und Symbolbildung

Ihre Bedeutung bei Borderline-Zuständen und frühen Störungen

Hanna Segal zu Ehren

edition diskord

Die Deutsche Bibliothek – CIP-Einheitsaufnahme

Ödipuskomplex und Symbolbildung : ihre Bedeutung bei Borderline-Zuständen und frühen Störungen ; Hanna Segal zu Ehren / Heinz Weiß (Hg.). - Tübingen : Ed. diskord, 1999
(Perspektiven kleinianischer Psychoanalyse ; Bd. 5)

ISBN 3-89295-652-9

Satz: psb
Druck: Fuldaer Verlagsanstalt
ISBN 3-89295-652-9

Inhalt

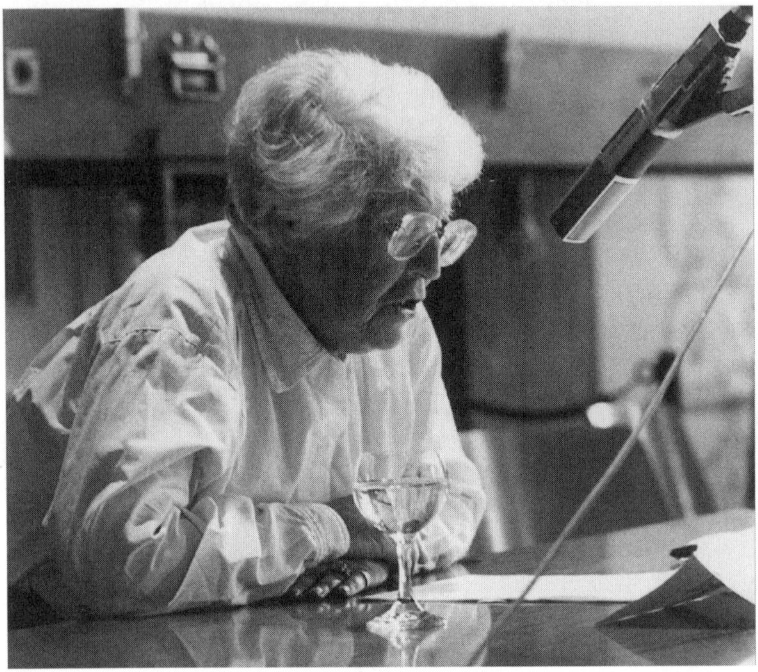

Hanna Segal bei ihrem Vortrag am 26. September 1998
im Toscana-Saal der Würzburger Residenz
Foto: © Jan Spering, Höchberg

Heinz Weiß

Einleitung: Versionen der Ödipussituation

Der vorliegende Band enthält die Vorträge einer Tagung, die im September 1998 zu Ehren des 80. Geburtstages von Hanna Segal an der Universität Würzburg stattfand. Das Thema dieser Tagung – »Ödipuskomplex und Symbolbildung – ihre Bedeutung bei Borderline-Zuständen und frühen Störungen« – ist für die psychoanalytische Klinik und Theorie gleichermaßen relevant. Es ist zugleich dasjenige Thema, welches im Mittelpunkt des Werkes von Hanna Segal steht: angefangen von ihren frühen Arbeiten über Symbolisierungsvorgänge bei psychotischen Patienten (1950, 1957), in denen sie das Phänomen der *symbolischen Gleichsetzung* entdeckte, bis hin zu ihrem späteren Werk (1981, 1991, 1997a, b), in dem sie die vielfältigen Störungsmöglichkeiten des Symbolisierungsprozesses und seine Auswirkungen auf die psychoanalytische Behandlungssituation beschrieben hat.

Es war deshalb für die Veranstalter eine besondere Ehre, daß sich Hanna Segal entschloß, eine Woche nachdem die Britische Psychoanalytische Gesellschaft ihr wissenschaftliches Werk (vgl. Bell 1997) in einem *Scientific Day* gewürdigt hatte, nach Würzburg zu kommen und die Entwicklung ihrer Ansichten zum Tagungsthema darzulegen.

An einer zentralen Stelle ihres Buches »Dream, Phantasy and Art« heißt es hierzu: »Ich halte es für eine der wichtigen Funktionen des Vaters, daß er als Objekt erlebt wird, das der Flut gegenseitiger projektiver Identifizierungen zwischen Kind und Mutter Einhalt gebietet« (1991, S. 68). Hanna Segal hält es für einen der bedeutsamsten Aspekte der depressiven Position, »daß die Anerkennung der Mutter als getrennter Person zugleich die Anerkennung des Vaters als ihres Partners bedeutet, nicht als eines Teil-Objekts, das als ihr Besitz erlebt wird, oder als ein Objekt, das mit ihr verschmolzen ist« (ebd.).

Der trianguläre Raum zwischen Vater, Mutter und kindlicher Psyche stellt für Segal eine Grundbedingung aller Denk- und Symbolisierungsprozesse dar, in denen Getrenntheit anerkannt werden kann und das, was als äußeres Objekt abwesend ist, als inneres Objekt – und damit als Bedeutung – dennoch anwesend ist.

Diese Dialektik der Symbolisierungsvorgänge ist für Hanna Segal an die fundamentale Frage geknüpft, auf welche Weise das Elternpaar in der kindlichen Psyche repräsentiert ist. Sie weist darauf hin, daß dort, wo das Konzept des Elternpaares zerstört oder mißrepräsentiert auftritt, auch der Raum für Denken und Symbolbildung eingeschränkt ist – zuletzt in ihrer Arbeit »The Oedipus complex today« (Segal 1997a), die in dem Band »Psychoanalysis, Literature and War« (Segal 1997b) erstmals erschienen ist. Diese Formulierungen gehen auf ihren grundlegenden Aufsatz »Notes on Symbol Formation« aus dem Jahr 1957 zurück, in dem sie die Symbolisierung als eine triadische Beziehung zwischen dem Symbol, dem symbolisierten Ding und dem menschlichen Individuum begreift. Diese *triadische Beziehung* entspricht der Grundstruktur der triangulären Ödipussituation, was bedeutet, daß dort, wo die Differenz zwischen Eltern und Kind, zwischen Mutter und Vater, nicht anerkannt ist, auch die Differenz zwischen Symbol und Symbolisiertem in sich zusammenbricht.

Hanna Segal hat diesen Sachverhalt am konkretistischen Denken von Borderline- und psychotischen Patienten immer wieder aufgezeigt. Sie hat ferner dargestellt, wie diese Phänomene in Übertragung und Gegenübertragung zu außerordentlich schwierigen Konstellationen führen, und sie hat vor allem Wege aufgewiesen, wie diese komplexen Verhältnisse analytisch zu bearbeiten sind. Für die Entwicklung ihres Denkens waren dabei vor allem zwei Bezugspunkte maßgebend: das Werk von Sigmund Freud und dasjenige von Melanie Klein. Beide sollen zunächst als theoretischer Hintergrund ihrer Arbeiten kurz skizziert werden.

Bekanntlich hatte Freud den ödipalen Konflikt in seiner Selbstanalyse entdeckt. Er begriff ihn als menschlichen Grundkonflikt und schreibt am 15. Oktober 1897 an Wilhelm Fliess: »(...) man versteht (...) die packende Macht des Königs Ödipus (...), die griechische

Sage greift einen Zwang auf, den jeder anerkennt, weil er dessen Existenz in sich verspürt hat« (Freud 1950a, S. 293). In einem Zusatz zu den »Drei Abhandlungen zur Sexualtheorie« betont er 1920 noch einmal den universalen Charakter der Ödipussituation. Dort heißt es: »Jedem menschlichen Neuankömmling ist die Aufgabe gestellt, den Ödipuskomplex zu bewältigen« (1905d, S. 127). Zusammen mit der Anerkennung der unbewußten Seelenvorgänge und der infantilen Sexualität wird damit der Ödipuskomplex für Freud zum »Schibboleth (...), welches die Anhänger der Psychoanalyse von ihren Gegnern scheidet« (ebd.).

Auf die große biographische Bedeutung, welche das Ödipus-Thema für Freud besaß, haben sowohl Freud selbst (Freud 1950a) wie auch seine Biographen (Jones 1960–62, Gay 1987) hingewiesen. Rudnytsky (1986) zeichnet neben dem lebensgeschichtlichen Kontext auch die geistesgeschichtlichen Zusammenhänge nach, die für Freuds Beschäftigung mit dem Ödipusstoff bedeutsam wurden. Wir selbst sind dieser Thematik an anderer Stelle in Zusammenhang mit Freuds Beschäftigung mit der Antike und seiner archäologischen Sammelleidenschaft nachgegangen (Weiß u. Weiß 1984, 1985, 1989). So besaß Freud u. a. eine attisch-rotfigurige Kalpis mit der Darstellung des Ödipus vor der Sphinx.[1] Und als ihm seine engsten Schüler zum 50. Geburtstag eine von Karl Maria Schwerdtner entworfene Bronzemedaille mit der gleichen Darstellung überreichten[2], soll er erbleicht sein, da der darauf eingravierte Vers (»Der das berühmte Rätsel löste und ein gar mächtiger Mann war ...«) genau der Phantasie entsprach, in der er sich als junger Student unter den Büsten der berühmten Wiener Professoren dargestellt sah (Jones 1960–62, Bd. 2, S. 27 f.).

Die Ödipussituation bestimmt bei Freud die Liebes- und Haßkonflikte des Individuums in seiner Beziehung zum Elternpaar, welche er im wesentlichen als Machtkampf um den Besitz des gegengeschlechtlichen Elternteils und damit um die sexuelle Bedeutung des Phallus begreift. Wie John Steiner in seinem Beitrag aufzeigt, finden sich schon bei Freud selbst unterschiedliche Versionen der ödipalen Situation – so etwa eine Version, die um die Macht einer tyrannischen

Vaterfigur und damit um primitive Schuld- und Verfolgungsängste, ausgedrückt in der Kastrationsdrohung, kreist – sowie eine weitere Version, in der die Mutter eine eigenständigere Rolle einnimmt und der Konflikt als tragischer Konflikt innerhalb einer Drei-Personen-Beziehung erscheint. Dabei war sich Freud der Komplexität der Ödipussituation wohl bewußt, wenn er die verschiedenen Versionen ihrer inneren Repräsentation mit den Möglichkeiten der Identifizierung im Sinne des positiven und negativen Ödipuskomplexes beschreibt (vgl. 1923b, Kap. 3).

Es ist vielleicht zu wenig gesehen worden, daß die Aufgabe der Verführungstheorie und die Entdeckung des ödipalen Konflikts bei Freud zeitlich sehr nahe beieinander liegen – die beiden Briefe an Fliess, in denen von diesen beiden großen Entdeckungen berichtet wird, liegen noch nicht einmal vier Wochen auseinander (21.9. und 15.10.1897) –, und daß er die Ödipussituation vor allem als Ausgangspunkt von Verinnerlichungsprozessen und als eine Situation in der inneren Welt des Kindes begreift. Aber auch wenn Freud die entsprechenden Urszenenphantasien als »phylogenetische Erbschaft« (vgl. Freud 1916–17, 23. Vorlesung, sowie 1918b) oder, wie wir heute mit Bion sagen würden, als *Präkonzeptionen* der elterlichen Beziehung charakterisiert, so hält er dennoch daran fest, daß der Ödipuskonflikt erst auf dem Höhepunkt der infantilen Genitalorganisation erscheint. Hier war es Melanie Klein, die in ihrem Werk Freuds Entdeckung entscheidend erweitern und vertiefen konnte. In ihren Kinderanalysen (vgl. Frank 1999) zeigte sie, daß die Ödipussituation bereits lange vor dem Genitalprimat in frühen Versionen des kindlichen Phantasielebens auftaucht und dort, dem jeweiligen Stand der psychosexuellen Entwicklung entsprechend, z. T. mit sadistischen Regungen und primitiven Ängsten verbunden ist. Diese Ängste gehen als Ausdruck des Funktionsniveaus der kindlichen Psyche zum großen Teil auf projektive Phänomene und Spaltungsprozesse zurück. Die Zeichnungen ihrer kleinen Patienten, wie hier (Abb. 1) der sechsjährigen Erna, über die sie 1924 in Würzburg berichtete – können diese Verhältnisse sehr anschaulich illustrieren (vgl. Weiß, Frank 1996; Frank, Weiß 1996).

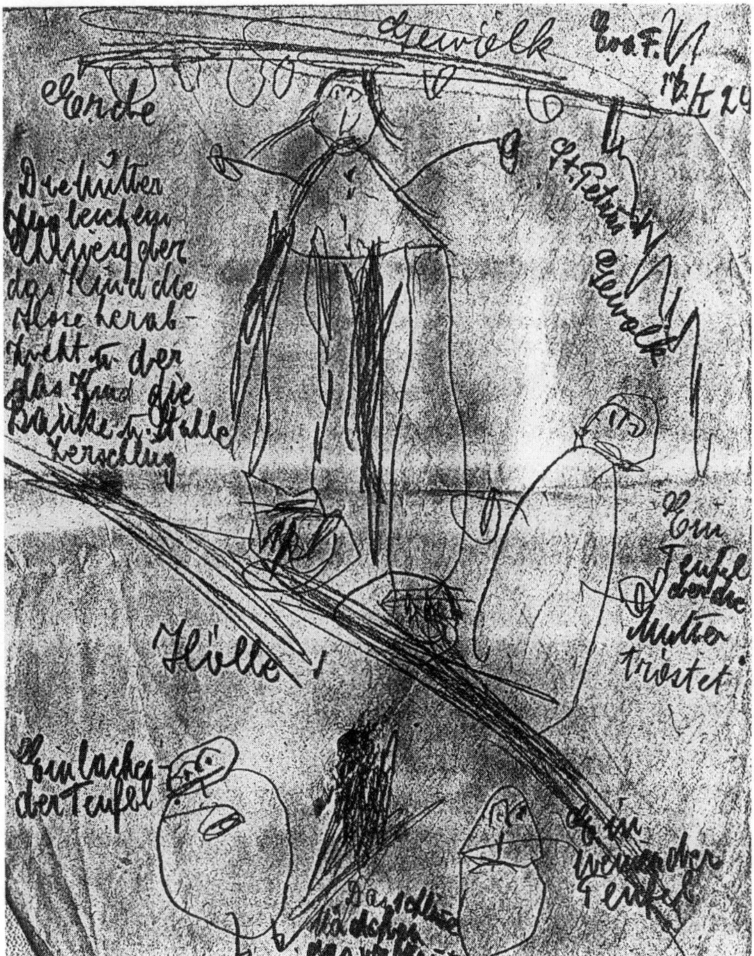

Abb. 1: Zeichnung aus der Anfangszeit von Ernas Analyse (16. 1. 1924). Die ödipale Konstellation ist durch die Mutter im Himmel, St. Petrus, das »schlimme Mädchen« sowie drei Teufel dargestellt: einen lachenden Teufel, einen weinenden Teufel in der Hölle und einen dritten Teufel nahe dem »Gewölk«, welcher die Mutter tröstet. (Wiedergabe mit freundlicher Genehmigung des Wellcome Institute for the History of Medicine, London, Contemporary Medical Archives Centre, CMAC/PP/KLE B26; Copyright: Melanie Klein Trust, London.)

Anders als bei Freud nimmt bei Klein der Vater von Anfang an eine wesentliche Rolle im Leben des Kindes ein. Klein hatte damit aufgezeigt – worauf auch Hanna Segal (1989) hinweist, daß *prägenital* keinesfalls mit *präödipal* gleichgesetzt werden darf, ja daß eine präödipale Konstellation im eigentlichen Sinne gar nicht denkbar ist. Während sie die Symbolbildung zunächst im Kontext der Bewältigung früher Angstsituationen begriff (Klein 1930), hat sie den Ödipuskomplex in ihrem späteren Werk eng mit der depressiven Position verknüpft. In ihr beginnt das Kind die Mutter als getrennte Person in einer eigenständigen Beziehung zum Vater stehend wahrzunehmen. Dies ruft Trauer, Schuldgefühle und Wiedergutmachungsversuche hervor, wie sie mit der Anerkennung der kindlichen Abhängigkeit und ambivalenter Regungen gegenüber beiden Elternteilen verbunden ist. Die integriertere Version der Ödipussituation in der depressiven Position geht mit Verinnerlichungs- und Symbolisierungsprozessen einher. Mit der Beschreibung der paranoid-schizoiden und depressiven Position (Klein 1935, 1946) schaffte Klein schließlich die Voraussetzungen, um verschiedene Organisationsformen der Ödipussituation zu identifizieren (vgl. Cycon 1999).

An Kleins Entdeckungen konnten in Großbritannien Hanna Segal, Herbert Rosenfeld und Wilfred Bion mit ihren Theorien anknüpfen. Gleichzeitig entwickelte in Frankreich, von anderen Voraussetzungen herkommend, J. Lacan ein strukturales Konzept der Ödipussituation, indem er vom »symbolischen Vater« als Träger des Namens und der sprachlich vermittelten Bedeutungen spricht. Hermann Lang hat diesen Gedanken weitergeführt und daraus das Konzept der »strukturalen Triade« (Lang 1978) entwickelt. In dem hier abgedruckten Beitrag »Die strukturale Triade – zur Bedeutung des symbolischen Dritten« werden diese Überlegungen am Beispiel der Vaterbeziehung Franz Kafkas illustriert.

Sowohl bei Lacan wie auch bei Bion gewinnt die Ödipussituation eine erkenntnistheoretische Dimension, indem sie als Voraussetzung für Denken und symbolische Kommunikation begriffen wird. So stellt bei Lacan die Entfaltung des symbolischen Raumes die entscheidende Bedingung dar, um der äußeren Wirklichkeit Bedeutung zu geben und sie von der imaginären Welt unseres Phantasielebens zu differenzieren (vgl. Lang 1973; Weiß, Pagel 1986, 1995). Bion wiederum hat im Kontext seiner Denktheorie einzelne Elemente des Ödipusmythos neu interpretiert. So sieht er z. B. in der Gestalt der Sphinx – einem Monster oder in seiner Sprache einem »bizarren Objekt« – den Konflikt zwischen der Neugierde des Menschen über sich selbst und seiner Angst vor einer Katastrophe thematisiert. Dieses Grundmotiv kehrt an verschiedenen Stellen des Mythos wieder – so etwa in der Verkündigung des delphischen Orakels und der Seuche, die über die Stadt Theben hereinbricht, oder auch in der Arroganz, mit der Ödipus seine Nachforschungen betreibt und seiner Selbstblendung im Angesicht unerträglicher Schuld (vgl. Bion 1963, S. 77 ff.).

Hermann Beland geht in seinem Beitrag auf die Angst vor dem Denken ein, und auch bei Hanna Segal und Helen Schoenhals werden die Konzepte Bions und ihre Weiterentwicklungen, wie sie z. B. von R. Britton (1989, 1992, 1997), M. Feldman (1989, 1990), E. O'Shaughnessy (1989, 1998) und John Steiner (1993) vorgelegt wurden, noch eingehender diskutiert. Hermann Beland beschreibt anhand von Gontscharovs Roman »Oblomow« eine komplexe Abwehrorganisation. Diese mündet in einen chronischen Rückzugszustand, dessen organisierendes Prinzip im Phänomen der wechselseitig akzeptierten projektiven Identifizierung besteht. Durch sie wird ein Zustand »völligen Verstehens« erreicht – ein Zustand, der via Projektion abgespaltener Selbstanteile in geeignete Empfänger die beteiligten Akteure schließlich nur noch als »Trabantenpersonen« gelten läßt und dadurch jedes Denken, jede Erfahrung von Getrenntheit, unmöglich macht.

Auf eine ähnlich schwierige Situation weist Helen Schoenhals in ihrem Beitrag »Die Verwendung psychoanalytischer Theorie als psychotische Abwehrorganisation« hin. Sie zeigt darin anhand einzelner Analysesequenzen, wie ihr Patient eine psychoanalytische Theorie – hier diejenige Lacans – als psychotische Abwehrorganisation verwendet und durch ein System komplizierter Spaltungen der Anerkennung der Ödipussituation, und damit seiner Bedürftigkeit gegenüber seiner Analytikerin, aus dem Wege geht.

Wie die hier veröffentlichten Beiträge zeigen, gibt es sehr viele verschiedene Elemente des Ödipusmythos, die für den Psychoanalytiker von Interesse sind, und umgekehrt finden wir die Ödipussituation auch bei unseren Patienten oft gleichzeitig in sehr unterschiedlichen Versionen repräsentiert. Neben einer paranoid-schizoiden und einer depressiven Version des Ödipuskomplexes werden wir vor allem in der Behandlung von Borderline-Patienten mit weiteren Versionen konfrontiert, die auf den ersten Blick wie eine entwickelte Ödipussituation aussehen mögen, tatsächlich aber auf pathologischer projektiver Identifizierung und komplizierten Spaltungsphänomenen beruhen. Hanna Segal nennt diese Versionen »pseudo-ödipal«. Und John Steiner (1979, 1982, 1987, 1993) hat sie in seinen Arbeiten mit perversen Mechanismen und pathologischen Persönlichkeitsorganisationen in Beziehung gesetzt, die er einer dritten Position, der Borderline-Position, zuordnet. In seiner Neubetrachtung des Ödipusmythos hat er die klassische psychoanalytische Leseweise um eine Borderline-Version ergänzt (Steiner 1985, 1990): Er zeigt, daß Ödipus nicht als so unschuldig gesehen werden muß und tatsächlich über ein Halbwissen um seine Taten verfügt, sich aber willentlich davon abkehrt und der Wahrheit »ein blindes Auge zuwendet« (*to turn a blind eye*). Als Ödipus die erschütternden Tatsachen schließlich nicht länger verleugnen kann, bringt er für einen Moment den Mut auf, sich den überwältigenden Trauer- und Schuldgefühlen zu stellen. Er blendet sich aber selbst, nachdem er den Selbstmord seiner Mutter entdeckt hat und die Schuld dadurch für ihn unerträglich wird. Dieser Angriff auf das eigene Sehvermögen stellt im Prinzip einen psychotischen Mechanismus dar. Im Zusammenhang mit dem zweiten Sophokleischen Drama »Ödipus auf Kolonos«, in dem sich Ödipus zu göttlicher Größe erhebt und jede Schuld abstreitet, spricht Steiner deshalb von einem Rückzug von der Wahrheit zur Omnipotenz. Im vorliegenden Beitrag thematisiert Steiner eine andere Situation – einen Rückzug, der auf Gefühlen von Groll und Rache beruht und der nicht selten in einen chronischen Machtkampf einmündet, wie er für bestimmte narzißtische und Borderline-Pathologien geradezu typisch ist (vgl. Steiner 1997, 1998).

In gewisser Weise können wir Ödipus also auch als Borderline-Patienten sehen: Er hat ein frühes Trauma erlitten, und seine Geschichte ist geprägt von immer neuen Traumen und Katastrophen. In »Ödipus auf Kolonos« bietet Kreon, der Herrscher Thebens, Ödipus an, seinen toten Körper unmittelbar an der Stadtgrenze zu bestatten. Er darf nicht innerhalb der Stadt beigesetzt werden, weil er die Stadt mit seinem Frevel beflecken würde, an der Grenze könne er sie aber vor äußeren Feinden schützen. Auch hier begegnen wir Ödipus sehr anschaulich in einer Borderline-Position.

Es gibt in der Psychoanalyse also sehr vielfältige Lesarten des Ödipusstoffes, und unsere klinische Aufgabe besteht gewissermaßen darin, herauszufinden, welche Version zu einem bestimmten Zeitpunkt innerhalb der jeweiligen Übertragungssituation aktualisiert wird. Der tiefe anthropologische Gehalt des Mythos liegt aber in der Anerkennung der Unterschiede zwischen den Geschlechtern und Generationen, d. h. in der Anerkennung der schöpferischen sexuellen Beziehung zwischen den Eltern, von denen das Kind aufgrund seiner Kleinheit und Unreife ausgeschlossen bleibt. R. Money-Kyrle (1968) sah in diesem Sachverhalt eine der drei »Grundtatsachen des Lebens« (*basic facts of life*). Die beiden anderen sind die Anerkennung des Älterwerdens und des Todes sowie die Abhängigkeit des Individuums von einer äußeren Quelle des Guten.

Nach Claude Lévi-Strauss (1955) wird die zentrale Struktur des Mythos in jeder einzelnen seiner Versionen wieder neu entfaltet. Daß dies nicht nur für die verschiedenen psychoanalytischen Interpretationen, sondern bereits für die antiken Versionen des Ödipusstoffes gilt – darüber berichtet Erika Simon in ihrem Einführungsvortrag »Ödipus als mythische Persönlichkeit im Bewußtsein der Antike«. Insofern reihen sich die Darstellungen von Freud, Klein, Bion und anderen ein in die großen Erzählungen, wie wir sie bereits vor Sophokles bei Homer und Aischylos finden. Erika Simons Beitrag geht auf ihre Werke über die griechische und römische Mythologie (Simon 1985, 1990) sowie auf eine Vorlesungsreihe »Greek Heroes« zurück, die sie in den vergangenen Jahren in verschiedenen Ländern gehalten hat. Sie berichtet darin u. a., daß in der mythischen

Erzählung das kämpferische Geschlecht der Thebaner aus den Zähnen eines Drachens hervorging und daß Kadmos, der diesen Drachen getötet hatte, mit Harmoneia, der Tochter des Ares und der Aphrodite, verheiratet wurde, um der mörderischen Aggressivität Einhalt zu gebieten – ein Sachverhalt, der für unser psychoanalytisches Nachdenken über die Ödipussituation außerordentlich fruchtbar ist.

Bei der Vorbereitung und Organisation der Tagung zu Hanna Segals 80. Geburtstag wirkten zahlreiche Personen mit. Besonderer Dank gilt dabei John Steiner, London, Ursula von Goldacker, Hamburg, sowie den Mitarbeitern des Instituts für Psychotherapie und Medizinische Psychologie der Universität Würzburg, die bei der Durchführung halfen – allen voran Isolde Mäder-Kruse, welche die Übersetzungen besorgte, und Marliese Stößer, die einen Großteil der organisatorischen Abwicklung übernahm. Für die Sorgfalt, mit der sie die Drucklegung betreuten, gilt auch diesmal der Dank des Herausgebers Dagmar und Gerd Kimmerle, Tübingen.

Anmerkungen

1 Vgl. Weiß u. Weiß 1985, hier abgebildet in dem Beitrag von Erika Simon (S. 23).

2 Abgebildet auf dem Titelblatt (Privatbesitz C. und H. Weiß).

Literatur

Bell, D. (ed.) (1997): Reason and passion. A celebration of the work of Hanna Segal. London: Tavistock series. Duckworth & Co.

Bion, W. R. (1963): Elemente der Psychoanalyse. Frankfurt a. M.: Suhrkamp 1992.

Britton, R. (1989): The missing link: parental sexuality in the Oedipus complex, in: Britton, R., Feldman, M., O'Shaughnessy, E., The Oedipus complex today. Clinical implications. London: Karnac, 83–101.

Britton, R. (1992): The Oedipus situation and the depressive position, in: Anderson, R. (Hg.), Clilnical lectures on Klein and Bion. London: Routledge, 34–45.

Britton, R. (1997): Weitere Überlegungen zur dritten Position, in: Britton, R., Feldman, M., Steiner, J., Groll und Rache in der ödipalen Situation. Beiträge der Westlodge-Konferenz. Perspektiven kleinianischer Psychoanalyse, Bd. 1 (Hg. C. Frank u. H. Weiß). Tübingen: edition diskord, 97 ff.

Cycon, R. (1999): Vom ödipalen Drama zur ödipalen Katastrophe, erscheint in: Perspektiven kleinianischer Psychoanalyse, Bd. 6 (Hg. C. Frank u. H. Weiß). Tübingen: edition diskord.

Feldman, M. (1989): The Oedipus complex: manifestations in the inner world and the therapeutic situation, in: Britton, R., Feldman, M., O'Shaughnessy, E., The Oedipus complex today. Clinical implications. London: Karnac, 103–129.

Feldman, M. (1990): Common ground: the centrality of the Oedips complex. Int. J. Psycho-Anal. 71, 37–48.

Frank, C., Weiß, H. (1996): The origins of disquieting discoveries by Melanie Klein: the possible significance of the case of ›Erna‹. Int. J. Psycho-Anal. 77, 1101–1126.

Frank, C. (1999): Melanie Kleins erste Kinderanalysen – die Entdeckung des Kindes als Objekt sui generis von Heilen und Forschen. Habilitationsschrift, Universität Tübingen (im Druck).

Freud, S. (1950a): Briefe an Wilhelm Fließ 1887–1904. Ungekürzte Ausgabe (Hg. Masson, J. M.). Frankfurt a. M.: S. Fischer 1986.

Freud, S. (1905d): Drei Abhandlungen zur Sexualtheorie. G. W., Bd. 5, 27 ff.

Freud, S. (1916–17): Vorlesungen zur Einführung in die Psychoanalyse. G. W., Bd. 11.

Freud, S. (1918b): Aus der Geschichte einer infantilen Neurose. G. W., Bd. 12, 27 ff.

Freud, S. (1923b): Das Ich und das Es. G. W., Bd. 13, 235 ff.

Gay, P. (1987): Freud. Eine Biographie für unsere Zeit. Frankfurt a. M.: S. Fischer 1989.

Jones, E. (1960–62): Das Leben und Werk von Sigmund Freud, Bd. 1–3. Bern, Stuttgart, Wien: Huber.

Klein, M. (1930): Die Bedeutung der Symbolbildung für die Ich-Entwicklung. Gesammelte Schriften, Bd. 1, Teil 1. Stuttgart, Bad Cannstatt: Frommann-Holzboog 1995, 347–368.

Klein, M. (1935): Beitrag zur Psychogenese der manisch-depressiven Zustände. Gesammelte Schriften, Bd. 1, Teil 2. Stuttgart, Bad Cannstatt: Frommann-Holzboog 1996, 29–75.

Klein, M. (1946): Bemerkungen über einige schizoide Mechanismen. Gesammelte Schriften, Bd. 3. Stuttgart, Bad Cannstatt: Frommann-Holzboog 1999.

Lang, H. (1973): Die Sprache und das Unbewußte. Jacques Lacans Grundlegung der Psychoanalyse. Frankfurt a. M.: Suhrkamp.
Lang, H. (1978): Die strukturale Triade. Habilitationsschrift, Universität Heidelberg.
Lévi-Strauss, C. (1955): Die Struktur der Mythen, in: Lévi-Strauss, C., Strukturale Anthropologie I. Frankfurt a. M.: Suhrkamp 1981, 226–254.
Money-Kyrle, R. (1968): Cognitive development. Int. J. Psycho-Anal. 49, 691–698.
O'Shaughnessy, E. (1989): The invisible Oedipus complex, in: Britton, R., Feldman, M., O'Shaughnessy, E., The Oedipus complex today. Clinical implications. London: Karnac, 129–150.
O'Shaughnessy, E. (1998): Kann ein Lügner analysiert werden? Emotionale Erfahrungen und psychische Realität in Kinder- und Erwachsenenanalysen. Perspektiven kleinianischer Psychoanalyse, Bd. 3 (Hg. C. Frank u. H. Weiß). Tübingen: edition diskord 1998.
Rudnytsky, P. L. (1987): Freud and Oedipus. New York, Oxford: Columbia University Press.
Segal, H. (1950): Aspekte der Analyse eines schizophrenen Patienten, in: Bott Spillius E. (Hg.), Melanie Klein heute. Entwicklungen in Theorie und Praxis, Bd. 2. Anwendungen. München, Wien: Verlag Internationale Psychoanalyse 1991, 128–153.
Segal, H. (1957): Bemerkungen zur Symbolbildung, in: Bott Spillius E. (Hg.), Melanie Klein heute. Entwicklungen in Theorie und Praxis, Bd. 1. Beiträge zur Theorie. München, Wien: Verlag Internationale Psychoanalyse 1990, 202–224.
Segal, H. (1981): Wahnvorstellung und künstlerische Kreativität. Stuttgart: Klett-Cotta 1992.
Segal, H. (1989): Introduction, in: Britton, R., Feldman, M., O'Shaughnessy, E., The Oedipus complex today. Clinical implications. London: Karnac 1989, 1–10.
Segal, H. (1991): Traum, Phantasie und Kunst. Stuttgart: Klett-Cotta 1996.
Segal, H. (1997a): The Oedipus complex today, in: Segal, H., Psychoanalysis, Literature and War. Papers 1972–1995. London: Routledge, 86–94
Segal, H. (1997b): Psychoanalysis, Literature and War. Papers 1972–1995. London: Routledge.
Simon, E. (1985): Die Götter der Griechen. Studienausgabe. München: Hirmer.
Simon, E. (1990): Die Götter der Römer. München: Hirmer.
Steiner, H. (1979): The border between the paranoid-schizoid and the depressive positions. Brit. J. Med. Psychol. 52, 385–391.
Steiner, J. (1982): Perverse relationships between parts of the self: a clinical illustration. Int. J. Psycho-Anal. 63, 241–251.

Steiner, J. (1985): Turning a blind eye. The cover-up for Oedipus. Int. Rev. Psycho-Anal. 12, 161–172.
Steiner, J. (1987): Die Wechselwirkung zwischen pathologischen Organisationen und der paranoid-schizoiden und depressiven Position, in: Bott Spillius, E. (Hg.), Melanie Klein heute, Bd. 1. Beiträge zur Theorie. München, Wien: Verlag Internationale Psychoanalyse 1990, 408–431.
Steiner, J. (1990): The retreat from truth to omnipotence in Oedipus at Colonus. Int. Rev. Psycho-Anal. 17, S. 227–237.
Steiner, J. (1993): Orte des seelischen Rückzugs. Pathologische Organisationen bei psychotischen, neurotischen und Borderline-Patienten. Stuttgart: Klett-Cotta 1998.
Steiner, J. (1997): Vergeltung und Groll in der ödipalen Situation, in: Britton, R., Feldman, M., Steiner, J.: Groll und Rache in der ödipalen Situation. Perspektiven kleinianischer Psychoanalyse, Bd. 1 (Hg. C. Frank u. H. Weiß). Tübingen: edition diskord, 23 ff.
Steiner, J. (1998): Identifikation und Imagination, in: Britton, R., Feldman, M., Steiner J.: Identifikation als Abwehr. Perspektiven kleinianischer Psychoanalyse, Bd. 4 (Hg. C. Frank u. H. Weiß). Tübingen: edition diskord, 45 ff.
Weiß, C., Weiß H. (1984): Eine Welt wie im Traum – Sigmund Freud als Sammler antiker Kunstgegenstände. Jahrbuch der Psychoanalyse 16, S. 189–217.
Weiß, C., Weiß, H. (1985): Ein Blick in die Antikensammlung Sigmund Freuds – sechs ausgewählte Vasen. Antike Welt 16, 43–53.
Weiß, C., Weiß H. (1989): Dem Beispiel jener Forscher folgend ... Zur Bedeutung der Archäologie im Leben Freuds. Luzifer-Amor, Zschr. f. Gesch. d. Psychoanal. 3, 45–71.
Weiß, H., Pagel, G. (1986): Übergangsphänomene und symbolische Ordnung (Winnicott-Lacan): Jahrbuch der Psychoanalyse 18, 42–76.
Weiß, H., Pagel, G. (1995): Sprache, Gefühl und Denken – oder: Wie psychische Bedeutungen entstehen. Eine Auseinandersetzung mit den Theorien W. R. Bions und J. Lacans. Jahrbuch der Psychoanalyse 34, 142–178.
Weiß, H., Frank, C. (1996): Rekonstruktion des Würzburger Falles »Erna« von Melanie Klein. Seine Bedeutung für die Entwicklung von Kleins theoretischen Konzepten am Übergang zwischen ihren Berliner und Londoner Jahren, in: Lang, H., Weiß, H. (Hg.), Psychoanalyse heute und vor 70 Jahren. Zur Erinnerung an die »1. deutsche Zusammenkunft für Psychoanalyse« am 11. und 12. Oktober 1924 in Würzburg. Tübingen: edition diskord, 126–143.

Erika Simon

Ödipus als mythische Persönlichkeit im Bewußtsein der Antike

Ödipus zählt zu den Kultheroen des antiken Griechenland, das heißt zu den mythischen Persönlichkeiten, die an ihren Gräbern Kult empfingen. Für Ödipus sind sogar mehrere Bestattungen überliefert: in Theben, im böotischen Eteonos, an zwei Stellen in Athen; dazu kommt ein Heroon in Sparta.[1] Darüber braucht man sich nicht zu wundern, denn Gräber oder Verehrungsstätten für die gleiche Gestalt an mehreren Orten begegnen auch sonst im antiken Heroenkult. Ein Grab mit Gebeinen oder ein Leergrab – griechisch *kenotaphion* – war nötig, um in rituellen Kontakt mit dem Heros zu treten. Der *locus classicus* dafür findet sich in der homerischen Odyssee (4, 584 f.): Als Menelaos in Ägypten vom Tod seines Bruders in Mykene erfährt, errichtet er sofort eine Grabstätte am Nil, ein kenotaphion für Agamemnon, um mit seinem Bruder Verbindung aufnehmen zu können. Die verschiedenen Gräber des Ödipus bezeugen, daß dieser Heros besonders verehrt wurde.

Wie es scheint, spielten dabei die Erinyen eine Rolle, jene Geister der Rache, die Ödipus schon bei Homer nach dem Selbstmord seiner Frau und Mutter umgaben (Odyssee 11, 280). Zusammen mit seinem Vater Laios, den er erschlagen hatte, besaß er in Sparta ein Heiligtum, gemeinsam mit den Erinyen (Herodot 4, 149). Kultstätten dieser Dämoninnen lagen auch bei den Gräbern des Ödipus in Athen.[2] Obwohl er unwissend gehandelt hatte, beging er Frevel, die nach griechischer Auffassung Sühne verlangten.[3] Ödipus ist neben dem Muttermörder Orest im griechischen Mythos derjenige, den die Erinyen heftiger verfolgen als alle anderen Heroen. Er scheint durch sein Schicksal eine Art ›Sündenbock‹ (*pharmakos*) gewesen zu sein, der die Erinyen anzog und sie so in Bann hielt.[4]

Der Heros Ödipus lebte – wie alle griechischen Heroen – nicht irgendwann und irgendwo. Er war vielmehr Glied einer bestimmten Generation, die zur Zeit des trojanischen Krieges nicht mehr lebte, und er gehörte an einen ganz bestimmten Ort, in das böotische Theben. Dort hatte sein Geschlecht die Königswürde in der fünften Generation seit der Stadtgründung durch Kadmos inne. Dessen Sohn war Polydoros, ihm folgte Labdakos nach, der Enkel des Kadmos. Der Sohn des Labdakos war der Vater des Ödipus, Laios.[5] Dessen Söhne Eteokles und Polyneikes gehörten der sechsten Generation nach Kadmos an. Sie stritten um die Herrschaft über Theben und töteten sich gegenseitig beim Kampf der Sieben.[6] Auch die anderen Angreifer, die mit Polyneikes gegen Theben gezogen waren, fielen bis auf einen. Ihren Nachkommen aber gelang es, die Stadt zu erobern. Jene Söhne der Sieben, die Epigonen, waren auch am trojanischen Krieg beteiligt, als die Generation des Ödipus bereits unter der Erde war.

Der Name des Ödipussohnes Polyneikes läßt sich auf deutsch mit »der Streitsüchtige« übersetzen. Er paßt in jenes thebanische Geschlecht, denn der Kampf des Polyneikes gegen den Bruder, der mit dem Tod beider endete, war nicht der erste Bruderzwist in Theben. Die Adelsgeschlechter der Stadt nannten sich Sparten, das heißt die Gesäten. Sie waren im Mythos aus den Zähnen des Drachens entstanden, den Kadmos an der Stelle der späteren Stadt erschlagen hatte. Aus jener Drachensaat wuchsen extrem aggressive Krieger, die sich sofort gegenseitig bekämpften. Die wenigen Überlebenden wurden zu den Ahnen der thebanischen Sparten, die mit den Nachkommen des Kadmos versippt waren.[7] Das Geschlecht des Ödipus hatte von dort die Streitsucht geerbt. Sowohl Laios wie sein Sohn Ödipus waren von ungewöhnlicher Aggressivität. Als sie einander auf dem Weg zwischen Delphi und Theben unbekannterweise begegneten, brachen sie einen völlig unnötigen Streit vom Zaun – Sophokles hat ihn in seiner Tragödie detailliert mit den Worten des Ödipus geschildert (798–813). Dieser, zu Fuß, hätte am Dreiweg den Wagen des Laios einfach vorbeifahren lassen sollen: der Herold des Königs forderte ihn auf, aus dem Weg zu gehen. Ödipus aber geriet darüber in Zorn (804) und griff den Herold tätlich an. Aus

Wut darüber schlug Laios dem Ödipus den Stachelstab des Wagenlenkers übers Haupt (809). Darauf erschlug Ödipus mit seinem Stock den Alten, der vom Wagen fiel, und alle Begleiter (810–813).

Im Bruderkrieg der Sparten, im Streit zwischen Laios und Ödipus auf dem Dreiweg, im Krieg der Ödipussöhne, ist mehr vom Schicksal der Menschheit enthalten als in manchen anderen Mythen. Es ist daher kein Zufall, daß sich Sigmund Freud vom thebanischen Mythenkreis besonders angezogen fühlte. Eine antike Darstellung des Ödipus, die er besaß, zeigt den Heros als Rätsellöser vor der Sphinx von Theben (Abb. 1). Carina und Heinz Weiß[8] haben diese attische Kalpis (Hydria) der Sammlung Freud, ein Werk aus der Zeit um 380 v. Chr., veröffentlicht. Zu dieser beliebtesten Ödipusszene in der antiken Kunst bald Näheres. Wichtig in unserem Zusammenhang ist, daß sich auch die Rätselfrage der Sphinx auf den Menschen bezog. Dieser ist bekanntlich das aggressivste Wesen, das in der Welt existiert. Andererseits können seinesgleichen nur dann überleben, wenn sie einander nicht ständig angreifen und töten. Darum gaben die Götter im thebanischen Mythos dem Kadmos die Tochter der Aphrodite zur Frau, die den sprechenden Namen Harmonia trug. Ihre Hochzeit wurde im Beisein der Olympier gefeiert.[9]

Es handelt sich hier nicht um eine späte Allegorie, sondern um einen echten alten, allerdings nicht rein griechischen Mythos. Er ist vielmehr von orientalischer Weisheit durchtränkt. Man denke nur an die alttestamentlichen Erzählungen vom Glück im Paradies, von der Schlange im Baum der Erkenntnis, die der Sphinx entspricht, vom Brudermord des Kain an Abel. Die orientalischen Einflüsse in Theben beginnen mythologisch mit dem Phöniker Kadmos.[10] Gleichsam zur Bestätigung des phönikischen Elements kamen im bronzezeitlichen Theben orientalische Rollsiegel zutage.[11] Und der böotische Dichter Hesiod, der – für uns als erster – von der Hochzeit des Kadmos mit Harmonia berichtet (Theogonie 937; 975), war auch sonst von orientalischen Mythen stark beeinflußt.[12] Nicht zuletzt war Theben auch der Name einer Stadt in Ägypten, und Ägypten war die Heimat der Sphingen und so auch der thebanischen Sphinx. Hesiod, der als Zeitgenosse Homers überliefert ist, läßt in seinen »Werken

Abb. 1: London, Sigmund Freud Museum.
Attische Kalpis (Hydria). Ödipus vor der Sphinx.
Aufnahme Carina und Heinz Weiß.

und Tagen« die Menschheit wie im Alten Testament paradiesisch beginnen, mit dem Goldenen Geschlecht (109 ff.).[13] Dann folgen das Silberne und das Bronzene Zeitalter. Zwischen diesem und dem fünften, dem zur Zeit Hesiods herrschenden Eisernen Zeitalter, lag das vierte. Es war als einziges nicht nach einem Metall benannt, sondern hieß das heroische. Hesiod beschreibt es so (156–165, Übersetzung der Verfasserin):

Aber nachdem das dritte Geschlecht im Boden geborgen,
Ließ der Kronide Zeus entstehn auf der nährenden Erde
Dann ein viertes Geschlecht; das war gerechter und besser,
Und von göttlicher Art, das Geschlecht der Heroen. Man nennt sie
Halbgötter auch; sie lebten vor uns auf der endlosen Erde.

Sie hat vernichtet das Übel des Kriegs und der grausige Schlachtruf
Teils im Lande des Kadmos, vorm siebentorigen Theben,
Als sie lagen im Kampf um des Ödipus Herden von Schafen;
Teils vor Troja, wohin über Meeresschluchten die Schiffe
Sie gebracht, der Helena wegen, der reizend gelockten.

Archäologisch gesehen gehört Hesiods viertes Geschlecht, das heroische, der mykenischen Zeit an, das heißt dem mittleren und letzten Drittel des 2. Jahrtausends v. Chr. Zwar ist Troja viel älter, aber die ›homerische‹ Stadt wird von den Ausgräbern in die spätmykenische Epoche datiert, also in Nähe der historischen Zeit, wie wir sie verstehen. Für die Griechen, selbst für den skeptischen Thukydides, gehörte der trojanische Krieg jedoch zur Geschichte.[14]

Man wird fragen: Wo bleibt die mythische Phantasie? Wie verhält es sich mit den verschiedenen Versionen griechischer Mythen? Natürlich gibt es sie; dennoch verharren die griechischen Heroen an ihren Orten und in ihren Generationen. Wenn Homer den Odysseus mit Menschen vergangener Zeiten sprechen läßt, so geschieht das mit Totenopfern am Eingang zum Hades. Dort begegnet Odysseus unter anderen Heroinnen auch der Mutter und Gemahlin des Ödipus. Homer nennt sie aus metrischen Gründen Epikaste, während sie in den Tragödien des 5. Jahrhunderts Jokaste heißt[15] – ein Name, der sich in einem Hexameter nicht unterbringen läßt. Odysseus berichtet (Odyssee 11, 271–280, Übersetzung von Roland Hampe):

Und ich sah Epikaste, die schöne, des Ödipus Mutter,
Die unwissend die Tat verübte, dem eigenen Sohne
Sich zu vermählen; der hatte den Vater erschlagen und nahm sie.
Alsbald machten die Götter es ruchbar unter den Menschen.
Der aber herrschte im lieblichen Theben, Leiden erduldend,
Über des Kadmos Volk nach der Götter verderblichem Ratschluß.
Die aber ging in des Hades Haus, des gewaltigen Pförtners,
Knüpfend ein jähes Seil an den hohen Balken des Daches,
Schmerzergriffen; dem aber ließ sie zurück an Leiden
Soviel, als einer Mutter Rachegeister vollbringen.

Im homerischen Text heißen die Rachegeister Erinyen, und Ödipus heißt aus metrischen Gründen Oidipodes, da der Name Ödipus wie der Name Jokaste nicht in den Hexameter paßt. Die zitierte Stelle stimmt inhaltlich mit der alten epischen Oidipodeia überein, die uns verloren ist. In ihr heiratete Ödipus nach dem Selbstmord seiner Muttergemahlin eine andere Frau[16], von der er seine vier Kinder hatte, zwei Söhne und zwei Töchter, darunter Antigone. In der Tragödie des Sophokles »König Ödipus« aber stammen diese Kinder von Jokaste.

Der Tod des Ödipus erfolgte im alten Epos also viel später als Jokastes Selbstmord. Nach diesem regierte Ödipus noch lange im reichen Theben. Als er starb, erhielt er dort prächtige Leichenspiele, die in der Ilias (23, 679) anläßlich der Totenfeier für Patroklos, den Freund des Achilleus, erwähnt sind. Da tritt ein Boxer auf, dessen Vater bei den Spielen für Ödipus in Theben im gleichen Sport »alle Kadmeer« besiegt hatte – hier handelt es sich wieder um den Abstand einer Generation zwischen dem thebanischen und dem trojanischen Krieg. Die tragischen Dichter im klassischen Athen schrieben neue Variationen über jene alten Themen, sie erfanden aitiologische oder psychologische Motivationen für die mythische Überlieferung, aber sie machten nicht etwa Ödipus und Agamemnon zu Zeitgenossen.

Im Jahre 467 v. Chr. brachte Aischylos die altepische Oidipodeia in neuer Gestalt auf die Bühne.[17] Die drei Teile seiner Trilogie hießen »Laios«, »Ödipus« und »Sieben gegen Theben«. Nur das dritte Drama ist erhalten. Die Thematik der ersten und der zweiten Tragödie läßt sich zum Teil durch Fragmente, zum Teil auch durch Werke der bildenden Kunst rekonstruieren. Schauplatz war jedesmal Theben. Im »Laios« wurde der thebanische König auf dem Weg nach Delphi erschlagen – wie üblich muß diese Tat von einem Boten berichtet worden sein. Die »Ödipus« genannte Tragödie stimmte mit dem uns erhaltenen »König Ödipus« des Sophokles, der etwa vier Jahrzehnte später lag, wohl nur teilweise überein.[18] Zum Abschluß der Tetralogie folgte auf die erhaltenen »Sieben gegen Theben« das uns weitgehend verlorene Satyrspiel »Sphinx«.

Während die Geschehnisse in den drei Tragödien chronologisch angeordnet waren, spielte die Handlung der »Sphinx« zeitlich nach dem ersten Drama, dem »Laios«. Dieser hatte den Apollon in Delphi fragen wollen, wie Theben die Sphinx loswerden könne. Das Ungeheuer saß auf einem Berg bei der Stadt, legte denen, die vorbeikamen, das Rätsel vor und verschlang sie, da keiner die Antwort wußte. Ödipus, der Korinth und seine vermeintlichen Eltern mied, begegnete von Delphi kommend dem Laios, geriet in den schon beschriebenen Streit und erschlug unwissend den eigenen Vater. Dann gelangte er nach Theben, fand die Lösung des Rätsels und wurde König und Gemahl der Witwe des Laios, seiner eigenen Mutter.

Das Thema Ödipus vor der Sphinx, das Sigmund Freud auf seiner Hydria betrachten konnte (Abb. 1), begegnet in etwa 90 Prozent der erhaltenen Ödipusdarstellungen der antiken Bildkunst.[19] Auf diese Bilder werden wir uns hier konzentrieren. Die Sphinx, die in Hesiods Theogonie (326) Phix heißt und »Unheil für das kadmeische Volk«, ist unter die Orientalia in der thebanischen Mythologie, von denen schon die Rede war, zu zählen. Das Ungeheuer lebte in der Generation des Ödipus, durch den es zu Fall kam, während die zahlreichen Sphingen in der griechischen Kunst – als Wächterinnen auf Gräbern, als Weihgeschenke in Heiligtümern, als Gerätschmuck, in Tierfriesen der Flächenkunst und so fort – zeitlose Wesen sind.[20] Für griechische Vorstellung war ferner die Sphinx wegen gemeinsamer ägyptischer Konnotationen mit Theben verbunden. In Ilias (9, 391) und Odyssee (4, 126 f.) ist Theben in Ägypten die reichste Stadt auf Erden, doch gleich danach figuriert dort Orchomenos[21], ein Ort nicht weit vom böotischen Theben.

Ödipus und die thebanische Sphinx bildeten eine die gesamte Antike faszinierende Szene. Wie schon erwähnt, verkündete das Ungeheuer ein Rätsel und verschlang immer wieder Thebaner, mit Vorliebe Jünglinge und Knaben, die es nicht lösen konnten. Das Rätsel war in Hexametern verfaßt, der Sprache auch des delphischen Orakels, und lautete (Anthologia Palatina 14, 64, Übersetzung von Roland Hampe):

Zweifuß ists auf der Erde und Vierfuß, mit einer einzgen
Stimme, und Dreifuß. Es ändert den Wuchs alleine von allen
Wesen auf Erden, im Luftraum droben und auch auf dem Meere.
Wenn es jedoch auf die meisten Füße sich stützend einhergeht,
Ist seinen Gliedern die Schnelligkeit am meisten gemindert.

Das altgriechische Wort *pous*, mit dem hier gespielt wird, heißt wie das neugriechische Wort *podi* zugleich Fuß und Bein. Das Rätsel, das die Antwort »das ist der Mensch in seinen verschiedenen Lebensaltern« verlangt[22], ist in der Ausdrucksweise, wie mir scheint, von typisch ›geometrischer‹ Mentalität. Geometrisch nennt man seit Adolf Furtwängler in der Archäologie die griechische Kunst des 9. und 8. Jahrhunderts v. Chr. In ihr ist der menschliche Körper von seinen Gliedern her definiert, das heißt, der Mensch besteht aus einer dreieckigen Brust mit Kopf, Armen, einem Strich für den Unterkörper und sehr langen Beinen. In den homerischen Epen, die aus der ›geometrischen‹ Epoche stammen, gibt es nicht einmal ein Wort für den Rumpf – Homer nennt den Körper *ta gyia*, die Glieder; *soma* heißt bei ihm der tote Körper, die Leiche. Das Rätsel der Sphinx dürfte demnach in die homerische Zeit zurückgehen.

Ferner ist es kein Zufall, daß ein Heros namens Ödipus oder Oidipodes die Frage nach den verschiedenen Beinen oder Füßen beantwortet. Sophokles ist unser Zeuge, daß der Name zu seiner Zeit als »der mit den geschwollenen Füßen« aufgefaßt wurde.[23] Der im »König Ödipus« auftretende Bote, ein Hirte, der einst das ausgesetzte Kind an den korinthischen Königshof gebracht hatte, weist zur Identifikation des Ödipus auf dessen Fußgelenke hin (1032). Sie seien durchbohrt gewesen, als er ihn von dem Hirten des Laios übernahm, weshalb das Kind den Namen Schwellfuß erhalten habe. Und Ödipus bestätigt jenes »alte Übel« seiner Füße (1033), das nun zu der Erkenntnis führen wird, wer er selber ist.

Seine wirklichen Eltern, Laios und Jokaste, hatten vom delphischen Apollon das Orakel erhalten, falls sie einen Sohn zeugten, so werde dieser seinen Vater töten. Deshalb wurde das neugeborene Kind mit durchbohrten Füßen ausgesetzt. Es gelangte jedoch durch

Hirten zum König von Korinth, den Ödipus als seinen Vater ansah. – Wir wissen nicht das genaue Aufführungsjahr der sophokleischen Tragödie, doch datiert man sie aus stilistischen Gründen nicht früher als in die dreißiger oder zwanziger Jahre des 5. Jahrhunderts.[24] Die attischen Vasenbilder mit Ödipus aus den sechziger bis vierziger Jahren lassen sich also nicht, wie es manchmal geschieht, mit der berühmten sophokleischen Tragödie verbinden. Sie sind vielmehr teils von der alten epischen Oidipodeia inspiriert, teils von der Tetralogie des Aischylos aus dem Jahre 467 v. Chr. Wir betrachten einige davon.

Auf einer Amphora mit Strickhenkeln in der Pariser Nationalbibliothek (Abb. 2), einem Werk des sogenannten Achilleus-Malers, das kurz nach der Mitte des 5. Jahrhunderts in Athen entstand[25], wird der hilflose kleine Oidipodas (sic!) von einem jungen Mann getragen, der beischriftlich Euphorbos heißt. Wie auch sonst auf Gefäßen jener Zeit könnte der unbenannte Bärtige auf der Gegenseite der Empfänger des Kindes sein, zumal er ihm zugewandt steht: Polybos, der König von Korinth.[26] Dagegen ist der Name Euphorbos aus dem Ödipusmythos sonst nicht bekannt. Er könnte hier der Diener sein, der das Kind von Jokaste erhielt, um es auszusetzen, oder der Hirte, der den Säugling in einer Schlucht des Kithairongebirges fand und ihn an den korinthischen Königshof brachte. Dieser tritt im »König Ödipus« des Sophokles als Bote auf (924–1185). Aber das Bild ist aus chronologischen Gründen sicher nicht mit der Ödipustragödie des Sophokles verbunden, sondern mit dem alten Epos oder mit Aischylos.

Der epische Name (O)idipodes erscheint auch auf einem fragmentierten Glockenkrater im Museum von Adria (Abb. 3).[27] Er wurde gegen 440 v. Chr. von dem attischen Vasenmaler Polygnotos dekoriert und wie viele der hier betrachteten Gefäße mit thebanischen Mythen nach Etrurien verkauft. Ödipus selbst ist nicht erhalten, nur die Beischrift am linken Rand und die erhobene Keule, mit der er Laios tötete. Dieser muß links gekniet haben; einer seiner Diener versucht vergebens, seinen König zu schützen. Wie schon erwähnt, trafen Laios und Ödipus auf dem Weg, der nach Delphi führt,

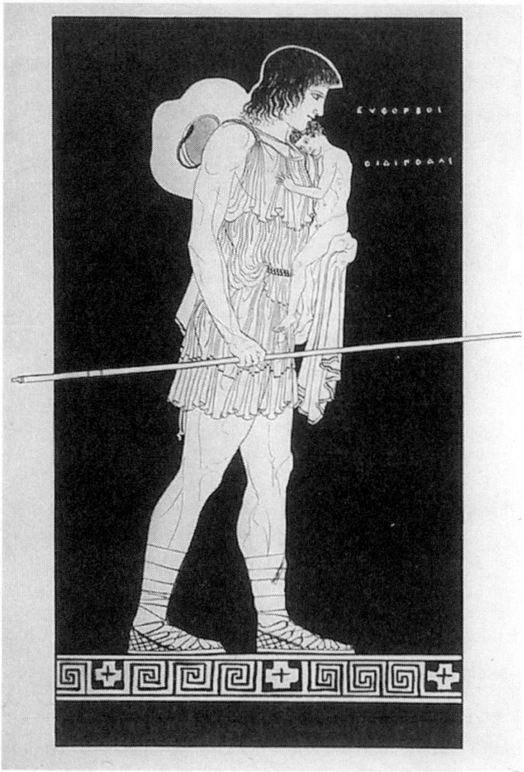

Abb. 2: Paris, Bibl. Nat. Cabinet des Médailles. Attische Amphora mit Strickhenkeln. Euphorbos trägt den kleinen Ödipus (Zeichnung). Nach Furtwängler/Reichhold, Griechische Vasenmalerei Taf. 167.

aufeinander. Der letztere kam von dort, er hatte nach seinem Ursprung gefragt, und das Orakel hatte ihn vor Vatermord gewarnt. – Auf dem Kraterfragment ist ferner rechts eine weibliche Gestalt mit dem Namen Kalliopa erhalten, deren Gestik Entsetzen ausdrückt. Sie dürfte die »Königin der Musen« Kalliope sein[28], und vielleicht war auch ihr Herr zugegen, der delphische Apollon, dessen furchtbare Weissagung sich hier erfüllt. Sie erfüllt sich nicht bei Nacht, sondern in hellem Sonnenlicht, das durch die Sonnenhüte der Maultiere am Wagen des Laios angedeutet ist. Dieses auffällige, seltene

Abb. 3: Adria, Museo Civico. Fragmentierter attischer Glockenkrater.
Links war der Tod des Laios durch Ödipus dargestellt;
erhalten sind Gespann und Muse Kalliope.
Nach CVA Adria 1 Taf. 42, 1.

Detail weist auf die Tatsache hin, daß der Mord nicht verborgen bleiben, sondern an den Tag kommen wird. Man denke an die schon zitierte Stelle aus der Odyssee (11, 274): »Alsbald machten die Götter es ruchbar unter den Menschen.« – Durch die Muse Kalliope ist die Verknüpfung des Ödipusmythos mit dem delphischen Apollon angedeutet, die auch unlösbar die Ödipustragödie des Sophokles durchwirkt. Unser erster Zeuge für diese Verbindung ist der Böoter Pindar in der 2. Olympischen Ode (38–40) aus dem Jahre 476 v. Chr.

Es gibt schon archaische Darstellungen mit Ödipus beim Lösen des Rätsels der Sphinx – das sind die frühesten Bilder des Heros, die bisher bekannt wurden. Auf einer ostgriechischen Amphora in London[29], die um 540 v. Chr. bemalt wurde, steht der langbärtige Ödipus in ionischem Gewand vor einer großen Sphinx (Abb. 4). – Etwa ein Jahrzehnt später entstand eine chalkidische Amphora in Stuttgart (Abb. 5).[30] Da hockt das Ungeheuer auf einer dorischen Säule. Sie und der sitzende bärtige Ödipus sind von einem Chor von Männern, die in ihre Mäntel gehüllt sind, und von Kindern umgeben. Es sind Einwohner Thebens. Sie trauern um Verwandte und Freunde, die

Abb. 4: London, Brit. Museum.
Klazomenische Amphora. Ödipus vor der Sphinx.
Nach Krauskopf 1994 Taf. 9, 40.

Opfer der Sphinx geworden sind. Zwischen ihr und Ödipus fliegt ein Adler, wohl ein Omen, das ihm Schlechtes und den Thebanern Gutes weissagt – sie werden bald von der Sphinx befreit sein. Man streitet in der Forschung, ob der Chor eine frühe Theaterszene andeutet. Ich hatte es früher angenommen, muß aber heute gestehen, daß uns die methodischen Mittel fehlen, dieses Problem zu lösen.[31] Auf jeden Fall sagen die vielen trauernden Gestalten rings um Ödipus aus, daß er die richtige Antwort zum Wohle einer großen Gemeinschaft findet.

Im Innern einer berühmten attisch-rotfigurigen Schale im Vatikan[32] – ihr Künstler erhielt von John Beazley den Namen Ödipus-Maler – sitzt der beischriftlich genannte Oidipodes vor der Sphinx, die auf einer ionischen Säule hockt (Abb. 6). Sie senkt den Kopf und spricht zu ihm, die Worte »und mit drei Füßen« kommen aus ihrem Mund. Der bärtige Ödipus, mit nachdenklichem Gestus[33], ist im Begriff, das Rätsel zu lösen. Er wird sagen: »Dieses seltsame Wesen ist

Abb. 5: Stuttgart, Württ. Landesmuseum. Chalkidische Amphora.
Ödipus vor der Sphinx und trauernde Thebaner.
Museumsaufnahme.

der Mensch. Als Kleinkind bewegt er sich mit Händen und Füßen, erwachsen mit zwei Beinen, und im Greisenalter hat er ein drittes Bein, den Stock.« Der antike Betrachter wußte, daß nach dieser Antwort die Sphinx verschwunden und die Gefahr für Theben gebannt sein wird. Er wußte aber auch, daß Ödipus von einer schrecklichen Tat kommt, daß er seinen Vater mit der Keule, die zwischen seinen überkreuzten Beinen zum Vorschein kommt, erschlagen hat: Auf den Fragmenten in Adria schwingt er die Keule gegen Laios. Er kannte seinen Gegner nicht, dennoch war er nach griechischer Auffassung schuldig. – Diese gegen 460 v. Chr. entstandene Schale zeigt das beste uns erhaltene Vasenbild mit Ödipus und der Sphinx. Wahrscheinlich war es vom Satyrspiel der thebanischen Tetralogie des Aischylos inspiriert.[34]

Kein anderer Vasenmaler hat den Ödipusmythos so häufig dargestellt wie der Achilleus-Maler, der führende Künstler im Athener Kerameikos zwischen 460 und 430 v. Chr. Wir haben schon ein

Abb. 6: Vatikan, Mus. Greg. Etrusco.
Innenbild einer attischen Schale.
Ödipus vor der Sphinx.
Nach Simon, Sphinx Taf. 15.

frühes Werk seiner Hand gesehen, Ödipus auf dem Arm des Dieners Euphorbos (Abb. 2). Aus dem letzten Jahrzehnt seiner Laufbahn, zwischen 440 und 430, sind fünf Vasen von ihm mit Ödipus und der Sphinx erhalten.[35] Jedes Bild ist in der Komposition verschieden, doch alle stimmen darin überein, daß Ödipus nicht mehr wie früher einen Bart trägt, sondern ein sehr junger Mann ist (Abb. 7).[36] So steht er auch auf der Hydria aus dem Besitz von Sigmund Freud (Abb. 1). Noch diesem spätklassischen Vasenmaler ist es gelungen,

Abb. 7: München, Staatl. Antikensammlungen. Attische Amphora.
Ödipus als Jüngling vor der Sphinx.
Museumsaufnahme.

die Spannung zwischen der Sphinx und dem vor ihr sitzenden Heros anzudeuten.

Nicht innerliche Konzentration, wie sie für den Mythos vom Rätsellöser Ödipus typisch ist, sondern körperliche Aktion zeigt der Achilleusmaler in einem Spätwerk, das wie andere Vasen seiner Zeit von Athen nach Zypern exportiert wurde.[37] Dort kam auch ein Salbölgefäß gleicher Form und mit ähnlichem Thema aus dem späten 5. Jahrhundert v. Chr. zutage (Abb. 8).[38] Beide Male schwingt der junge Ödipus eine Lanze gegen die Sphinx. Manche Gelehrte dachten an eine völlig andere Version des Mythos, aber das ist nicht der Fall. Wir wissen, daß die Sphinx im alten Epos – auf die Antwort des Ödipus hin – Selbstmord beging und Theben frei war. Die Tötung durch die Lanze geschieht nicht anstelle, sondern nach der

Abb. 8: London, Brit. Museum. Attische Lekythos.
Ödipus tötet die Sphinx, über der Apollon sitzt.
Nach Krauskopf 1994 Taf. 13, 77.

Lösung des Rätsels. Auf etruskischen Gemmen ersticht der Heros die Sphinx mit dem Schwert.[39] Der Kampf mit einer Waffe gegen das Ungeheuer ist nicht älter als der geistige Kampf, das Rätsel läßt sich nicht vom Ödipusmythos lösen. Außerdem gibt es bereits archaische Darstellungen (Abb. 4 und 5), in denen ein waffenloser Ödipus auf die Frage der Sphinx antwortet. Wichtiger als deren Tötung ist auf dem späteren Gefäß (Abb. 8) das Auftreten des Apollon. Als Gott von Delphi, mit dem der Ödipusmythos eng verbunden war, sitzt er über der verendenden Sphinx. Jeder, der das delphische Heiligtum besuchte, las am Tempel die Inschrift *gnothi seauton* – erkenne dich selbst![40] Das Rätsel der Sphinx hatte einen ähnlichen Sinn.

Das wird besonders klar in einer Grabmalerei aus Hermupolis in Oberägypten, jetzt im Museum von Kairo (Abb. 9).[41] Der von rechts nach links zu lesende Fries, mit Namensbeischriften, entstand im 2. nachchristlichen Jahrhundert. Ödipus tritt zweimal auf. Im linken

Abb. 9: Kairo, Ägyptisches Museum. Grabmalerei aus Hermupolis.
Tod des Laios und Ödipus mit Sphinx.
Nach LIMC I Taf. 222, 2.

Teil begegnet er an einem der Stadttore Thebens der Sphinx. Ein junger Mann mit der Beischrift Zetema (auf deutsch Forschung) personifiziert die Situation, in der sich Ödipus befindet. Er zeigt mit der rechten Hand auf seinen Kopf. Man hat angenommen, er weise auf das Hirn als den Sitz des Wissens. Aber die Verfasserin des Ödipusartikels im neuen mythologischen Lexikon vergleicht etruskische Gemmen des 4. Jahrhunderts v. Chr. und hellenistischer Zeit (Abb. 10) sowie andere Darstellungen, in denen Ödipus vor der Sphinx ähnlich auf sich selber deutet.[42] Sie nimmt an, die Gebärde des Ödipus drücke die Lösung des Rätsels aus, das heißt, er selbst verkörpere die Antwort »das ist der Mensch«. Wie es scheint, ist diese Interpretation vorzuziehen.

Im Zentrum des Wandbildes aus Hermupolis (Abb. 9) erscheint die Personifikation der Stadt Theben; rechts davon ist eine weibliche Gestalt namens Agnoia (auf deutsch Unwissenheit) die entsetzte Zeugin der Tötung des Laios durch seinen Sohn. Zetema und Agnoia – Forschung und Unwissenheit – sind also die Attribute des Ödipus in diesem Bild. Er verkörpert den Menschen, ein Wesen mit widersprüchlichen Anlagen, als die Lösung des Rätsels der Sphinx. Daß diese Definition nicht von dem spätägyptischen Wandmaler erfunden wurde, zeigen die ein halbes Jahrtausend früheren etruskischen Gemmen mit dem auf sich selbst zeigenden Ödipus vor dem thebanischen Ungeheuer.

Abb. 10: Oxford, Ashmolean Museum. Etruskischer Karneol-Skarabäus, Gipsabdruck. Ödipus zeigt vor der Sphinx auf sich. Nach Krauskopf 1994 Taf. 7, 25.

Als Kern des Ödipusmythos ergibt sich nach alledem der Mensch, der seiner selbst bewußt wird. Das gilt auch, auf höchstem Niveau, für die sophokleische Tragödie »König Ödipus«. In ihrem Verlauf verwandelt sich für den Protagonisten die Frage »Wer hat Laios getötet?« mehr und mehr in die Frage »Wer bin ich?«. Am Ende ist er eine Beute der Erinyen. Sie verfolgen Ödipus in der Odyssee (11, 280) nach dem Selbstmord seiner Mutter. Daß sie ihn schon nach dem Vatermord im Auge hatten, bezeugt die Dreiergruppe auf einem spätapulischen Volutenkrater aus der Zeit Alexanders des Großen (Abb. 11).[43] Im Zentrum des Halsbildes hockt erhöht eine weiß gemalte Sphinx; der junge Ödipus und eine Erinys flankieren sie. Die letztere, in Jägertracht, stützt sich auf eine Lanze. Sie er-

Abb. 11: Neapel, Mus. Naz. Halsbild eines apulischen Volutenkraters.
Die Sphinx zwischen Erinys und Ödipus.
Nach Furtwängler/Reichhold, Griechische Vasenmalerei II Abb. 52.

scheint in Nähe des Ödipus, weil dieser kurz zuvor den Laios getötet hat.

Trotz der Erinyen gibt es jedoch im Mythos von Ödipus und der Sphinx noch eine andere Seite, eine weniger dunkle. In Griechenland waren und sind Fragen von der Art, wie sie die Sphinx dem Ödipus stellte, sehr beliebt.[44] Ein neugriechisches Beispiel: »Was ist das – ein sehr, sehr langer Mönch, der keine Knochen hat?« Alle Griechen wissen die Antwort: »Eine Fahne schwarzen Rauches.« Aber sie lieben es, das Rätsel zu hören, es gefällt ihnen immer wieder. Jene ›helle‹ Seite des Ödipusmythos wurde von Aischylos in seinem Satyrspiel »Sphinx« in den Vordergrund gestellt. Wie schon erwähnt, bildete das Drama den Abschluß der thebanischen Tetralogie von 467 v. Chr. Vor fast zwei Jahrzehnten habe ich versucht, das Satyrspiel mit Hilfe einer attischen Vase aus eben jener Zeit teilweise zu rekonstruieren.[45] Es handelt sich um eine Hydria im Martin-von-Wagner-Museum, eine Leihgabe aus dem Besitz von Takuhiko Fujita (Abb. 12 und 13). In deren Schulterfries sitzen fünf seltsame, grauhaarige Gestalten mit Zeptern vor der thebanischen Sphinx. Sie hockt links auf einem Felsen und sagt ihr Rätsel auf, wie aus dem Redegestus der linken Vorderpfote hervorgeht. Bei näherem Betrachten sieht man, daß ihre Hörer Stupsnasen und Pferdeohren haben, also Satyrn sind. Die Pferdeschwänze werden durch ihre prächtig gemusterten Mäntel verdeckt. Es handelt sich um den Chor eines Satyrspiels in Abkürzung.

Abb. 12 und 13: Würzburg, Martin-von-Wagner-Museum. Attische Hydria.
Szene aus dem Satyrspiel »Sphinx« des Aischylos.
Aufnahmen Karl Öhrlein.

Ein solches Spiel, für das der Satyrchor obligat war, mußte heiter enden, während am Beginn auch Schlimmes geschehen konnte. Nach meiner Hypothese war dem Einzug des Chores der Tod des letzten Opfers der Sphinx vorangegangen. Aus der altepischen Überlieferung wissen wir, daß das Haimon war, der Sohn des Kreon und Neffe der Jokaste.[46] Daraufhin ließ Kreon, der in Theben nach dem Tod des Laios regierte, die folgende Botschaft verkünden: »Wer immer durch Lösung des Rätsels die Stadt von der Sphinx befreit, soll die Hand meiner Schwester Jokaste erhalten und König in Theben sein.« Die Satyrn im Fries der Hydria versuchen es. Mit Prunkmantel und Zepter fühlt sich schon jeder als Gemahl der Königin. Am verblüfften Ausdruck ihrer Gesichter aber sieht man, daß sie unfähig sind, das Rätsel zu verstehen. Sie können es schon deshalb nicht, da sie keine Menschen, sondern halbe Pferde sind, die zur Lösung nicht einfach auf sich selber zeigen können wie Ödipus. Dieser wird wohl in der nächsten Szene auftreten. Das oben betrachtete Schalenbild des Ödipusmalers (Abb. 6) dürfte sich darauf beziehen.

Zum Schluß ein frühapulischer Kelchkrater in Tarent (Abb. 14).[47] Hinter dem jungen Ödipus, der in Reisetracht zur Sphinx am rechten Bildrand spricht, stehen Kreon und Teiresias, dazu wohl Personen des Chores. Sie sind keine Satyrn, sondern ein Tragödienchor, vielleicht aus dem »Ödipus« des Euripides. Von ihm sind nur einige Fragmente erhalten, in einem sind die wie ein Regenbogen schillernden Flügel der Sphinx beschrieben.[48] Euripides scheint die Rätselszene relativ lang behandelt zu haben, aber sie ist auch im erhaltenen »König Ödipus« des Sophokles dreimal erwähnt. Im ersten Teil der Tragödie (130 f.) sagt Kreon über die Sphinx, daß sie »mit ihrem schillernden Gesang« die Thebaner daran hinderte, nach dem Unbekannten – dem Mörder des Laios – zu forschen. Ein zweites Mal taucht das Ungeheuer in einem Chorlied auf, nachdem die Wahrheit ans Licht gekommen ist (1198 f.). Der unglückliche Ödipus habe Theben gerettet, indem er »die Jungfrau mit den krummen Nägeln, die Rätselsingerin, vernichtete«. Und die Tragödie endet mit einem Lied, in dem der Chor auf Ödipus hinweist, der sich in-

Abb. 14: Tarent, Mus. Naz. Frühapulischer Kelchkrater.
Ödipus und Thebaner vor der Sphinx.
Nach Simon, Sphinx Taf. 14.

zwischen selbst geblendet hat: »Einwohner unserer Vaterstadt Theben, das ist Ödipus, der das berühmte Rätsel löste und ein mächtiger Mann war.« Dieses *Ecce-Homo* ist das Ende der Tragödie vom Heros, der den Menschen, das rätselhafte Wesen, verkörpert.

Anmerkungen

1 Quellen zu den verschiedenen Gräbern des Ödipus bei Daly 1940, 786 in der Auseinandersetzung mit Carl Robert. Dieser hielt in seinem Ödipusbuch (Berlin 1915) den Heros für einen ursprünglichen ›Jahresgott‹, der seinen Vater erschlägt, um sich mit der Erdgöttin, seiner Mutter, zu vermählen. Diese überholte Deutung wird hier nicht weiter erörtert. Hingewiesen sei nur auf die über die ganze Welt zerstreuten ethnologischen Parallelen zum Ödipusmythos: Edmunds 1996, 22–223. – Die Bestattung in Theben ist in der Ilias bezeugt (23, 679); nach Pausanias 1, 28, 7 hat man die Gebeine aus Theben ins athenische Erinyen-Heiligtum am Areiopag übertragen; außerdem nennt Pausanias 1, 30, 4 das Heroon des Ödipus am Kolonos Hippios, einem Ort, den man aus dem sophokleischen »Ödipus auf Kolonos« kennt. – In einem Scholion zu Vers 91 dieser 401 v. Chr. (fünf Jahre nach dem Tod des Dichters) aufgeführten Tragödie ist das Demeter-Heiligtum im böotischen Eteonos als Bestattungsort des Ödipus genannt. – Zum Heiligtum in Sparta siehe Anm. 7. – Darstellungen des Ödipusgrabes auf Vasen: Krauskopf 1994, 10 Nr. 98. – Allgemein zum Kult an Heroengräbern (auch mehreren für den gleichen Heros): Walter Burkert, Griechische Religion (Stuttgart, Kohlhammer 1977) 312–319. – Zum Leben des Sophokles: Lloyd-Jones 1994, 6–15.

2 Für den Areiopag vgl. vorige Anm.; am Kolonos Hippios ist das Heiligtum der Erinyen durch Sophokles (Oed. Col. 36–46) bezeugt.

3 Schmitt 1997, 23–36 weist in Auseinandersetzung mit neueren Interpretationen auf die Schuld des Ödipus hin; weiteres in seinem Beitrag im Rheinischen Museum für Philologie 131, 1988, 8–30; vgl. auch Flaig 1998, besonders 117–139.

4 Auch J. P. Vernant/P. Vidal-Naquet, Mythe et tragédie en Grèce ancienne (Paris 1973) 110–124 bezeichnen Ödipus als ›Sündenbock‹, freilich mit anderen Argumenten (nicht vom gemeinsamen Kult mit den Erinyen her, sondern wegen seiner unklaren Herkunft und seines Auftretens als Tyrann), wogegen sich Flaig 1998, 128–130 zu Recht wendet (vgl. auch ebendort 28–39).

5 LIMC VI (1992) 184–190 s. v. Laios (Odette Touchefeu-Meynier).

6 Damit erfüllte sich der Fluch des Ödipus, den er – nach der altepischen Thebais – aus Wut über das Verhalten seiner Söhne ausgestoßen hatte. Zur Deutung des Fluches: Simon, Sphinx 10–12. – Ödipus mit den sterbenden Söhnen war mehrmals Thema der etruskisch-hellenistischen Kunst: von Freytag 1986, 34–84; Krauskopf 1994, 10 Nr. 96–97. – Zum Mythos von den Sieben: LIMC VII (1994) 730–748 s. v. Septem (Ingrid Krauskopf).

7 Sie waren auch mit spartanischen Heroen versippt, wie Herodot 4, 147

überliefert, wodurch das von ihm 4, 149 genannte Heiligtum des Ödipus in Sparta eine Erklärung findet.

8 Antike Welt 16, 1985 Heft 4, 50–51 Abb. 19–21.

9 LIMC IV (1988) 412–414 s. v. Harmonia (Enrico Paribeni).

10 Ruth Edwards, Kadmos the Phoenician (1979); LIMC V (1990) 863–882 s. v. Kadmos I (Michalis A. Tiverios).

11 Edith Porada, American Journal of Archaeology 69, 1965, 173 und 70, 1966, 194.

12 Dazu Martin L. West, Hesiod Theogony. Edited with Prolegomena and Commentary (Oxford, Clarendon 1966) 19–31; ebendort 106–107 die Bibliographie »Hesiod and the East«.

13 Diese Vorstellung Hesiods vom Anfang der Menschheit nannte Erwin Panofsky, Studies in Iconology (Harper Torchbooks New York 1962) 40 ›soft‹ und positivistisch, die Vorstellung von einem unkultivierten Beginn, etwa bei den Epikureern, ›hard‹ und negativistisch.

14 Thukydides 1, 11–12. – Als Jahr der Zerstörung Trojas durch die Achäer errechnete der alexandrinische Gelehrte Eratosthenes (nach unserer Zählung) 1183 v. Chr.

15 LIMC V (1990) 682–686 s. v. Iokaste (Ingrid Krauskopf).

16 Ihr Name war Euryganeia: Pausanias 9, 5, 11; dazu v. Freytag 1986, 56–57.

17 Stefan Radt, Tragicorum Graecorum Fragmenta III (Göttingen, Vandenhoeck und Ruprecht 1985) 231. 287–288. 341–343.

18 Simon, Sphinx 8–14.

19 Festgestellt mit Hilfe von Krauskopf 1994, 1–15. – In den von Edmunds 1996, 22–223 gesammelten »Later Analogues« spielt dagegen die Sphinx keine Rolle; sie ist also das Element, das den griechischen Ödipusmythos von den »Analogues« unterscheidet. Die hier betrachtete Bildkunst beweist, daß jenes Ungeheuer keinesfalls ein Nebenmotiv war, auch wenn es in der oben zitierten Odyssee-Stelle (11, 271–280) nicht figuriert; dazu Edmunds 1996, 33 und Jean-Marc Moret, Oedipe, la sphinx et les thébains (1984) passim.

20 LIMC VIII (1997) Addenda 1149–1174 s. v. Sphinx (mehrere griechische Autoren).

21 Der Kleine Pauly Band 4 (München, dtv 1979) 330–332 s. v. Orchomenos (Ernst Meyer).

22 Dieter Wyss/Brunhild Laue, »Ödipus – Zur Anthropologie von Aufklärung und Verblendung«. Zeitschrift für klinische Psychologie und Psychotherapie 25, 1977, 43–51 verstehen die Sphinxepisode so (45): »Wenn die Bürger der Stadt Theben nicht in der Lage waren, die Frage der Sphinx zu beantworten … (so) weisen sie sich als Menschen aus, für die es das linear-

finale Zeitbewußtsein noch nicht gibt.« Dagegen hatte Freud das Rätsel mit der Frage eines Kleinkindes nach der Herkunft eines neugeborenen Brüderchens oder Schwesterchens verglichen: Renate Schlesier, Mythos und Weiblichkeit bei Sigmund Freud (Frankfurt a. Main, Hain 1985 und 1990) 92. Diese beiden psychologischen Erklärungen des Sphinxrätsels beachten m. E. zuwenig die bis heute bestehende griechische Neigung zu derartig formulierten Fragen (vgl. unten Anm. 44), die im Stil auch mit den ›rätselhaften‹ Antworten des delphischen Orakels vergleichbar sind.

23 Daly 1940, 786 bevorzugt dagegen die folgende, aus dem Rätsel herausgesponnene ›Etymologie‹: Ödipus sei derjenige, »der den Fuß (die Füße) weiß«.

24 Lloyd-Jones 1994, 9: »Oedipus Tyrannus may belong to ... the thirties or the twenties« des 5. Jahrhunderts, ähnlich wie der »Aias«.

25 Paris, Cabinet des Médailles 372, aus Vulci. – Beazley, ARV 987, 4: dem Achilleusmaler zugeschrieben; Krauskopf 1994, 3 Nr. 3 Taf. 6 (die Inschrift lautet Oidipodas, nicht Oidipous); Oakley 1998, 115 Nr. 4 Taf. 5 A–B; die Rückseite: Taf. 5 C.

26 Der Name ist Polybos und nicht Polybios, wie Flaig 1998 schreibt.

27 Adria, Museo Civico Bc 104, aus Adria. – Beazley, ARV 1029, 19: dem Polygnotos zugeschrieben; Corpus Vasorum Antiquorum Italien 28 Adria 1 Taf. 42, 1 (dort versehentlich als fragmentierter Kelchkrater bezeichnet); Matheson 1995, 60–61. 350 P 21 Taf. 45 (mittlere Phase des Polygnot, »painted after the completion of the Parthenon frieze«). – Zu thebanischen Mythen in Etrurien: Ingrid Krauskopf, Der thebanische Sagenkreis und andere Sagen in der etruskischen Kunst (Mainz, Ph. v. Zabern 1974); das großartigste Beispiel ist das Relief von Pyrgi (ebendort 43–45 Taf. 17); v. Freytag 1986, passim.

28 Horaz, Carmina 3, 4, 2 nennt Kalliope regina. Sie ist schon auf einem mittelkorinthischen Aryballos (Rom, Villa Giulia) unter den Musen hervorgehoben: LIMC VI (1992) 671 Nr. 122 s. v. Mousa/Mousai.

29 London, Brit. Mus. 88.2–8.101, aus Tel Defenneh. – Krauskopf 1994, 5 Nr. 40 Taf. 9; Tempesta 63–64. 166 Nr. 28 Taf. 19, 2. Die Wiederholung des Themas auf beiden Seiten dieser klazomenischen Amphora spricht nicht gegen die Ödipusdeutung; auch andere Heroentaten können in der archaischen Kunst am selben Monument öfter auftreten.

30 Stuttgart, Württ. Landesmuseum 65/15. – Simon, Sphinx 15–16 Taf. 4; Krauskopf 1994, 6 Nr. 46 Taf. 11; Tempesta 1998, 64 Anm. 309.

31 Die chalkidische Amphora entstand nicht in Athen, wo sich damals das Drama entwickelte, sondern auf Euböa oder in Westgriechenland – dieses Problem scheint mir trotz John Boardman, Early Greek Vase Painting (London, Thames and Hudson 1998) 217–219, der mit anderen eine Entstehung im Westen annimmt, noch nicht gelöst zu sein.

[32] Mus. Greg. Etrusco 16541, aus Vulci. – Beazley, ARV 451, 1; Simon, Sphinx 29–31 Taf. 15; Krauskopf 1994, 4 Nr. 19 Taf. 7. – Zum Ödipusmaler: Diana Buitron-Oliver, Douris. Kerameus 9 (Mainz, Ph. v. Zabern 1995) 87–88.

[33] Dazu Gerhard Neumann, Gesten und Gebärden in der griechischen Kunst (Berlin, de Gruyter 1965) 120–123.

[34] Dafür sprechen auch die Satyrn der Außenbilder: Frank Brommer, Satyrspiele (Berlin, de Gruyter 1959) 39 Abb. 34. Diese wurden noch fast drei Generationen später von einem etruskischen Vasenmaler kopiert: Marina Martelli (ed.), La Ceramica degli Etruschi (Novara, De Agostini 1987) 320–321 Nr. 160 Taf. 211 (Mauro Cristofani).

[35] Oakley 1997, 55–56. Es handelt sich um Nr. 34. 35. 63. 130 und 145 seiner Liste; ähnlich drei Darstellungen des Polygnot und seiner Gruppe (Matheson 1995, 258); weitere Bilder bei Krauskopf 1994, passim.

[36] Das Exemplar Abb. 7: Nolanische Amphora München, Staatliche Antikensammlungen, Sammlung Loeb 474. – Beazley, ARV 989, 27; Krauskopf 1994, 4 zu Nr. 14; Oakley 1997, 119 Nr. 35 Taf. 18 A (440/435 v. Chr.).

[37] Nikosia, Cyprus Museum C 6294, aus Larnaka. – Beazley, ARV 1677, 104 bis; Krauskopf 1994, 8 Nr. 76 Taf. 13; Oakley 1997, 133 Nr. 145 Taf. 87 A (435/430 v. Chr.).

[38] London, Brit. Mus. E 696, aus Marion/Zypern. – Beazley, ARV 1325, 49: Art des Meidiasmalers; Krauskopf 1994, 8–9 Nr. 77 Taf. 13 (spätes 5. Jahrhundert v. Chr.).

[39] Krauskopf 1994, 9 Nr. 79–81 Taf. 13–14; dieselbe, Heroen, Götter und Dämonen auf etruskischen Skarabäen. Peleus, Beiheft 1 zu Thetis (Mannheim 1995) 49 s. v. Oidipus.

[40] Zu diesem delphischen Spruch: Hermann Tränkle, Würzburger Jahrbücher für die Altertumswissenschaft 11, 1985, 19–31.

[41] Kairo, Ägyptisches Museum JE 63609, aus Hermupolis. – LIMC I (1981) 303 s. v. Agnoia Nr. 2 Taf. 222 (Fulvio Canciani); Krauskopf 1994, 2–3 Nr. 2.

[42] Krauskopf 1994, 15. Die Gemmen ebendort 4–5 Nr. 25–28 Taf. 7. Der Gestus ist auch in anderen Gattungen überliefert, z. B. ebendort 5 Nr. 31. Die Gemme Abb. 10: ebendort Nr. 25.

[43] Neapel, Mus. Naz. 81393, aus Canosa. – Trendall/Cambitoglou II 495 Nr. 39, dem Dareiosmaler zugeschrieben; Krauskopf 1994, 8 Nr. 67 Taf. 12.

[44] Dazu Bernhard Schmidt, Griechische Märchen, Sagen und Volkslieder (Leipzig 1877), besonders 143–144 (»Die Räthselwette«). – Edmunds 1996, 35 beobachtet ferner in dem hochinteressanten Parallelmaterial, das er zusammenstellt, immer wieder die Neigung zu »incest-riddles«.

[45] Simon, Sphinx 21–28. 31–34 Taf. 8–12.

[46] Neben der alten epischen Version, die den Knaben Haimon durch die Sphinx verschlungen werden läßt (dazu Simon, Sphinx 16) gibt es die spätere tragische Version von Haimon als Verlobten der Antigone: LIMC IV (1988) 406 s. v. Haimon; Abbildungen LIMC I (1981) 823 s. v. Antigone Nr. 14–16 (Ingrid Krauskopf).

[47] Tarent, Mus. Naz. 106581. – Simon, Sphinx 28 Taf. 14; Trendall/Cambitoglou I 37–38 Nr. 19: Frühapulisch, »beginnings of the Ornate Style« (390/380 v. Chr.).

[48] Colinus Austin, Nova Fragmenta Euripidea in Papyris Reperta (Berlin, De Gruyter 1968) 60 frg. 83.

Literatur

Mehrfach zitierte Schriften werden hier wie folgt abgekürzt:

Beazley, ARV: John D. Beazley, Attic Red-Figure Vase-Painters (Oxford, Clarendon 1963).

Daly 1940: Lloyd W. Daly, Paulys Realencyclopädie der classischen Altertumswissenschaft Suppl. VII (1940) 769–786 s .v. Oidipous = Fortführung des Artikels aus Band XVII (1937) 2103–2117.

Edmunds 1996: Lowell Edmunds, Oedipus. The Ancient Legend and Its Later Analogues (Johns Hopkins University Press 1985, Paperbacks edition 1996).

Flaig 1998: Egon Flaig, Ödipus. Tragischer Vatermord im klassischen Athen (München, Beck).

von Freytag 1986: Bettina von Freytag gen. Löringhoff, Das Giebelrelief von Telamon. Röm. Mitteilungen des Deutschen Archäologischen Instituts, 27. Ergänzungsheft (Mainz, Ph. v. Zabern 1986).

Krauskopf 1994: Ingrid Krauskopf, LIMV VII (1994) 1–15 s. v. Oidipous, ebendort S. 2 weitere Literatur bis in die späten achtziger Jahre.

LIMC: Lexicon Iconographicum Mythologiae Classicae I–VIII (Zürich, Artemis 1981–1997).

Lloyd-Jones 1994: Hugh Lloyd-Jones, Sophocles: Ajax, Electra, Oedipus Tyrannus. Edited and translated (Loeb Classical Library, Harvard University Press).

Matheson 1995: Susan B. Matheson, Polygnotos and Vase Painting in Classical Athens (Madison, Univ. of Wisconsin Press).

Oakley 1997: John H. Oakley, The Achilles Painter (Mainz, Ph. v. Zabern).

Schmitt 1997: Arbogast Schmitt, Wesenszüge der griechischen Tragödie. In:

Hellmut Flashar (ed.), Tragödie. Colloquium Rauricum Band 5 (Stuttgart/ Leipzig, Teubner) 23–36.
Simon, Sphinx: Erika Simon, Das Satyrspiel Sphinx des Aischylos. Sitzungsberichte der Heidelberger Akademie der Wissenschaften. Philosophisch-historische Klasse 1981 Bericht 5.
Tempesta 1998: Alessandra Tempesta, Le raffigurazioni mitologiche sulla ceramica greco-orientale arcaica. Rivista di Archeologia, Suppl. 19 (Rom, G. Bretschneider).
Trendall/Cambitoglou I/II: Arthur D. Trendall/Alexander Cambitoglou, The Red-Figured Vases of Apulia I/II (Oxford, Clarendon 1982, reprinted 1998).

Hanna Segal

Ödipuskomplex und Symbolisierung

Lange Zeit gab es den Mythos, die Kleinianische Analyse handele nur von Babys und Brüsten; der Ödipuskomplex werde ignoriert. Ich erinnere mich an einen Kandidaten, der in seiner ersten Sitzung ein Geräusch an der benachbarten Tür bemerkte, und als ich ihm gegenüber einwandte, er vermute die Anwesenheit meines Ehemannes, erwiderte er mit Entrüstung: »Ich wünsche eine Kleinianische Analyse und Brust-Deutungen – nicht diesen Unsinn über Ihren Ehemann!« Er hatte nicht erkannt, wie ödipal seine Reaktion war. Tatsache ist, daß der Ödipuskomplex und seine frühesten Wurzeln immer sehr stark Bestandteil von Kleins Theorie und Praxis waren, und sie gab dem, was der Vaterkomplex in der frühen Entwicklung genannt wurde, in Wirklichkeit ein größeres Gewicht, als Freud es tat.

Kleins Beschreibung der depressiven Position beinhaltet, daß der Ödipuskomplex unvermeidlich einen wesentlichen Bestandteil des Durcharbeitens der depressiven Position darstellt. Klein charakterisiert die depressive Position als jene Entwicklungsphase, in der das Kind eine Beziehung zur Mutter als ganzer Person aufnimmt. Das bedeutet, es nimmt sie mehr so wahr, wie sie in Wirklichkeit ist, das heißt, nicht gespalten in eine gute und eine böse Mutter, nicht als ein dem Kind gehörendes Teilobjekt wie die Brust, nicht durchtränkt von projektiver Identifizierung, sondern als eine getrennte Person, die eine eigene Persönlichkeit und ein eigenes Leben hat. Dieses ›eigene Leben‹ schließt grundsätzlich den Vater als Sexualpartner mit ein.

In der depressiven Position tritt das Kind zunehmend mit der äußeren Wirklichkeit in Beziehung und unterscheidet sie von seiner inneren Wirklichkeit, derjenigen seiner Impulse und Phantasien. Sich mit der inneren und äußeren Realität abzufinden, heißt, sich mit dem Ödipuskomplex abzufinden.

Klein vermutete, daß man aufgrund dieser Entwicklungen sagen könne, der Ödipuskomplex beginne in der depressiven Position. Nichtsdestoweniger existieren trianguläre Beziehungen vor der depressiven Position, einige davon als primitive Wurzeln des Ödipuskomplexes.

Die trianguläre Situation setzt als Ergebnis von Spaltungsprozessen ein. Es gibt eine frühe Spaltung zwischen dem guten oder idealisierten Aspekt der Brust und dem bösen, so daß das Kind mit zwei Objekten konfrontiert ist: dem Objekt der Sehnsucht und jenem von Haß und Furcht.

Ein drittes Objekt, welches die unerwünschten Anteile des Selbst und des Objekts enthält, ist der paranoid-schizoiden Position inhärent. Diese trianguläre Situation bildet den Hintergrund einer prädepressiven ödipalen Konstellation, weil sie die Bereitschaft für die Wahrnehmung eines dritten Objekts entstehen läßt. Der Penis des Vaters ist ein geeigneter Empfänger für solche abgespaltenen Projektionen.

Ein Patient, den ich Herrn R. nennen möchte und auf den ich noch Bezug nehmen werde, hatte eine Halluzination, daß ein Motorrad in seinen Kopf hineinfuhr. Der Fahrer hatte eine Art Maske auf, die seinen Kopf wie einen Gorilla aussehen ließ. Er fühlte sich erschreckt und dachte, sein Kopf würde explodieren. Dann sah er seinen Zeigefinger an und bekam Angst, weil sein Finger wie ein Gorilla aussah. Er hatte zu diesem Ereignis eine Anzahl von Assoziationen, aber die beiden zentralen betrafen den Gorilla, der ihn an einen psychotischen Jungen erinnerte, und den Finger, der mit analer Masturbation verbunden war, über die wir vorher gesprochen hatten. Seine anale Masturbation war für ihn immer mit unbewußten Phantasien eines gewaltsamen Eindringens in den Anus seiner Analytiker-Mutter assoziiert. Wir verstanden, daß das Motorrad sein eigenes intrusives Selbst repräsentierte, das, mit seinem Finger und seinem Penis identifiziert, in ein äußeres Objekt projiziert wurde, in das Motorrad, das er am vorherigen Tag vor meinem Fenster gehört hatte.

Fälle, in denen diese frühe Spaltung und Projektion aufrechterhalten wird, lassen in der späteren Entwicklung oft eine Situation entstehen, die ödipal zu sein scheint: ein Elternteil wird idealisiert und ersehnt, der andere gehaßt und als verfolgend erlebt. Betrachtet man das Material jedoch genau, so handelt es sich nicht um eine wirkliche Ödipussituation, sondern um die Fortsetzung einer Teilobjektbeziehung mit exzessiver Spaltung in ideale und verfolgende Objekte.

Diese Art von Teilobjektbeziehung kann auch die frühe Wahrnehmung der Mutter als ganze Person mit einem ganzen Körper kennzeichnen. Sie wird sozusagen anatomisch als ganzes Objekt gesehen, aber die emotionale Beziehung kann sich ganz überwiegend auf einer Teilobjektebene fortsetzen. Der Körper der Mutter wird als Behältnis sowohl für Reichtümer als auch für Greuel gesehen. Unter diesen wird der Penis des Vaters als Teilobjekt und Besitz der Mutter betrachtet, manchmal idealisiert und ersehnt, manchmal aber auch als etwas sehr Verfolgendes.

Einige Patienten, hauptsächlich Frauen, manchmal aber auch Männer, kommen in der Hoffnung in Analyse, daß der Analytiker ihnen helfen werde, einen Penis zu finden oder das Wissen, wie man einen Penis erlangt. Für die Frau kann das ein Ehemann oder ein Liebhaber sein, während ein Mann gewöhnlich nach Potenz sucht. Häufig haben diese Patienten keine Vorstellung von einem Mann als Person. So ist das, was als ödipale Situation erscheint, das heißt als Rivalität mit der Mutter um den Vater, in Wahrheit wiederum eine sehr primitive Situation, die mehr mit dem Neid auf die Mutter und mit dem Wunsch, sie ihres Besitzes zu berauben, als mit ödipaler Eifersucht zu tun hat.

Bald wurde offenkundig, daß die Entwicklung des Ödipuskomplexes in der paranoid-schizoiden Position, wie zu erwarten, eng mit den grundlegenden Prozessen am Übergang zwischen der paranoid-schizoiden und der depressiven Position verbunden war. Bestimmte psychische Grundfunktionen wie der Realitätssinn, die Fähigkeit zur Symbolisierung, zum Erlernen der Sprache und zum Denken werden in den ersten Lebensmonaten und -jahren verankert. Die Evolution des Ödipuskomplexes ist eng mit der Entfaltung dieser Funktionen verwoben. In der vorliegenden Arbeit möchte ich die Verbindungen zwischen dem Ödipuskomplex und den Symbolisierungsvorgängen untersuchen.

Das Konzept der unbewußten Symbolik ist für die psychoanalytische Theorie und Praxis von grundsätzlicher und entscheidender Bedeutung. Ihr Verständnis liefert den Schlüssel nicht nur zum Verstehen von Träumen und Symptomen, sondern auch für jedwede unbewußte Kommunikation. Wir erfahren das Unbewußte durch seinen symbolischen Ausdruck.

Jones verfaßte seine grundlegende Arbeit über die Symbolik 1916 teilweise unter dem Druck der Notwendigkeit, das psychoanalytische Symbolverständnis von demjenigen C. G. Jungs abzugrenzen. Darin definiert er das, was er echte unbewußte Symbolik nannte, wie folgt:

(I) Ein Symbol steht stellvertretend für etwas aus dem Bewußtsein Verdrängtes. Der ganze Symbolisierungsvorgang erfolgt unbewußt.
(II) Alle Symbole dienen zur Darstellung ›des eigenen Ich, der nächsten Blutsverwandten sowie der Phänomene von Geburt, Liebe und Tod‹.
(III) Ein Symbol hat eine konstante Bedeutung. Verschiedene Symbole können benutzt werden, um die gleiche verdrängte Idee darzustellen, aber ein gegebenes Symbol hat eine konstante, universale Bedeutung.
(IV) Symbolik entsteht als Resultat eines intrapsychischen Konflikts zwischen den ›verdrängenden Strebungen und den verdrängten‹. Außerdem: ›Nur was verdrängt ist, wird symbolisch dargestellt; nur was verdrängt ist, bedarf der symbolischen Darstellung.‹

Jones unterschied weiterhin zwischen Sublimierung und Symbolisierung. ›Symbole‹, sagt er, ›entstehen dann, wenn der in die symbolisierte Idee investierte Affekt sich, was das Symbol betrifft, als nicht fähig erwiesen hat, jene Modifikation der Eigenschaft zu bewirken, die durch den Begriff Sublimierung angezeigt wird.‹

Jones' Aussagen zusammenfassend, kann man sagen: Wenn ein Wunsch aufgrund eines Konflikts aufgegeben und verdrängt wurde, kann er sich auf symbolische Weise ausdrücken, und das Objekt des Wunsches, das aufgegeben werden mußte, kann dann durch ein Symbol ersetzt werden.

Von seinen Aussagen bleiben einige unwidersprochen, zum Beispiel, daß der ganze Prozeß unbewußt ausgetragen wird, daß Symbole das Selbst und die unmittelbaren Objekte von Wünschen sowie die dazugehörenden Beziehungen repräsentieren und auch daß die Symbolik das Ergebnis von intrapsychischen Konflikten ist. Andere Aussagen wurden seither kontrovers diskutiert, zum Beispiel Fragen wie: Ist es wirklich so, daß ein Symbol nur ein Ding symbolisiert? Sind Symbole nicht überdeterminiert? Nehmen Sie zum Beispiel die Schlange. Sie symbolisiert den Penis, oft auch den fäkalen Penis, die giftige Brustwarze oder sogar den giftigen Mund des Babys. Manchmal symbolisiert sie all diese Dinge und ist überdeterminiert. Ebenso kann angezweifelt werden, ob Symbole als Alternative zur Sublimierung definiert werden sollten. Tatsächlich analysierten Freud und Jones in der Praxis beide die Symbolik von Kunstwerken. Melanie Klein betrachtete in Abhebung von Jones jede Sublimierung als abhängig von Symbolik.

In einer ihrer ersten Veröffentlichungen, ›Die Rolle der Schule für die libidinöse Entwicklung des Kindes‹ (Klein 1923) beschreibt Melanie Klein, was Schule und Schularbeit für das Kind symbolisieren. Oft repräsentiert die Schule den Körper der Mutter mit dem Lehrer als Vater, oder ein Teilobjekt, den Penis, im Körper der Mutter. Die schulischen Aktivitäten des Kindes wie Spielen oder Lernen symbolisieren unbewußte Vorgänge. Sogar einzelne Buchstaben können eine symbolische Bedeutung tragen. Sie spricht von einem kleinen Jungen, der niemals die Buchstaben I und E zusammenbringen konnte, weil für ihn das Zusammenfügen der Buchstaben Geschlechtsverkehr bedeutete. Sicherlich war sich Klein zu dieser Zeit nicht einmal sehr bewußt, daß ihre Sichtweise von der Freuds abwich. Jene Differenzen wurzelten in ihrer Betrachtungsweise der unbewußten Phantasie, die sich von derjenigen Freuds unterschied. Für sie war unbewußte Phantasie im Leben des Kindes immer aktiv und allgegenwärtig. Sie drückt sich symbolisch in allen Aktivitäten aus, nicht nur in pathologischen Symbolen.

Durch ihre Arbeit mit Kindern wurde sie unvermeidlich in die Erforschung der Entwicklung von Sprache, intellektuellen Funktionen, Interesse an der Welt sowie deren Pathologie hineingezogen. Aus ihrer Sicht entsteht Symbolik aus dem Konflikt, den das Kind in der Beziehung zum Körper seiner Mutter erlebt. Sein libidinöses und aggressives Interesse am mütterlichen Körper und später am Körper beider Eltern führt zu Angst und Schuld, was es dazu zwingt, sein Interesse auf die umliegende Welt zu verschieben und diese so mit symbolischer Bedeutung auszustatten. Während nach Freud und Jones die libidinöse Verbindung dem Kind die Symbolisierung seines eigenen Körpers und den seiner Eltern durch Objekte der äußeren Welt ermöglicht, fügte Melanie Klein die Rolle der Angst als weiteren wichtigen Antrieb für die Symbolbildung hinzu. Beim Psychotiker ist die Symbolbildung hochgradig gestört, und es war die Analyse eines psychotischen Kindes, die erste ihrer Art, die es ihr ermöglichte, eine Störung der Symbolbildung zu beschreiben und zu analysieren. Ich beziehe mich auf ihre Arbeit ›Die Bedeutung der Symbolbildung für die Ichentwicklung‹ (Klein 1930). In jenem Aufsatz beschreibt sie die Analyse eines autistischen Kindes. Wie in der Analyse offenbar wurde, unternahm Dick in der Phantasie einen sehr sadistischen Angriff auf den Körper seiner Mutter, projizierte seine Exkremente und Teile seines Körpers in sie, die dann mit Teilen von ihr identifiziert wurden. Als Ergebnis dieser Angriffe wurde der Körper seiner Mutter ein Objekt von so intensiver Angst, daß der ganze Vorgang zum Stillstand kam. Als während der Analyse die unbewußte Angst sich verringerte und eher eine manifeste wurde, kam der Prozeß der Symbolbildung wieder in Gang und ermöglichte dem Kind zu sprechen, zu spielen und Beziehungen aufzunehmen. Melanie Klein kam zu dem Schluß, daß Angst die Entwicklung der Symbolik vorantreibt, exzessive Angst sie aber lähmen kann.

Kleins Arbeit bedeutete einen großen Schritt im Nachdenken über die Symbolik. Sie setzte die Entwicklung der Symbolbildung mit jener der Objektbeziehungen in Beziehung und widmete sich der diesbezüglichen Pathologie. Aber dies allein erhellte einige ihrer Geheimnisse noch nicht. Freud stellte zum Beispiel fest, daß jeder Mann seine Mutter heirate. Und dennoch protestierte er, als man ihm erzählte, daß ein Kollege eine viel ältere Frau geheiratet habe: »Wie konnte er eine Frau heiraten, die alt genug ist, seine Mutter zu sein?« In beiden Fällen ist die Ehefrau das Symbol der Mutter. Was aber macht den Unterschied aus? Dieses Problem wurde erst durch Kleins Konzepte der paranoid-schizoiden Position und der projektiven Identifizierung der Erforschung zugänglich. Mir scheint, Dicks Angriffe auf den Körper seiner Mutter erfolgten durch projektive Identifizierung – eines der klarsten Beispiele und dennoch ein Vorläufer, der Kleins späterer theoretischer Konzeptualisierung der projektiven Identifizierung um viele Jahre vorausging.

Ich selbst habe versucht, die Symbolbildung und ihr Schicksal zu neueren Konzepten in Beziehung zu setzen. Dabei ging es mir vor allem darum, die Differenzierung der Symbolik in Symbolbildung und Sublimierung weiter herauszuarbeiten. In meiner Arbeit ›Notes on Symbol Formation‹ (Segal 1957) gab ich folgendes Beispiel:

> Ein Patient in einer Nervenklinik sagt, er könne nicht Violine spielen, weil er nicht in der Öffentlichkeit masturbieren wolle. Ein anderer Patient spielt Violine, und sein Material macht deutlich, daß für ihn die Violine ebenfalls den Penis symbolisiert.

Worin liegt der Unterschied in der Symbolik? In meiner Arbeit entwickelte ich den Gedanken, daß sich die Symbolbildung schrittweise vom paranoid-schizoiden zum depressiven Funktionsniveau entwickelt. Wenn Symbole durch projektive Identifizierung gebildet werden, ist das Ergebnis das, was ich eine symbolische Gleichsetzung nannte. Ein Teil des Ichs wird mit dem Objekt identifiziert, und als Folge wird das Symbol mit dem symbolisierten Ding gleichgesetzt. Das Symbol repräsentiert nicht das Objekt, sondern wird so behandelt, als wäre es das Objekt. Violine spielen wird als Masturbation empfunden. In der depressiven Position wird das Objekt aufgegeben und betrauert, das Symbol wird in der inneren Welt etabliert – der Beginn eines inneren Objektes, welches das Objekt repräsentiert, aber nicht mit ihm gleichgesetzt wird. Die symbolische Gleichsetzung wird benutzt, um die Getrenntheit zwischen Subjekt und Objekt zu verleugnen – das Symbol hingegen, um einen Verlust, der akzeptiert wurde, zu bewältigen. In Augenblicken der Regression kann die Symbolik sogar bei nicht-psychotischen Individuen in eine konkretistische Form zurückfallen – wie etwa bei meinem Patienten R.

Anhand einiger späterer Stunden aus R.s Analyse werde ich jetzt die Verknüpfung der Symbolentwicklung mit der ödipalen Situation darstellen.

Eines Tages erzählte er mir, daß er, als er an der Tür meines Sprechzimmers vorbei zum Wartezimmer ging, große Angst bekommen hatte, weil ihm der Gedanke kam, daß kein Wächter an der Tür stand, und ihn nichts daran hindern könnte, in das Sprechzimmer hineinzugehen und die Stunde meines anderen Patienten zu stören. Dann fügte er hinzu: »Mir ist klar geworden, es gibt nichts, was mich daran hindern könnte, auf der Couch zu machen, was ich will. Wenn ich wollte, könnte ich zum Beispiel andersherum liegen.« Er kicherte und wurde verlegen, als er merkte, daß verkehrt herum im Bett zu liegen die Position war, in der er letzte Nacht mit seiner Freundin beim Liebesspiel lag. Offensichtlich war die Situation also folgende: Es gibt keinen Wächter vor der Tür, keinen Ehemann. Er könnte mit mir als seiner Freundin Verkehr haben und unsere Positionen auf diese Weise herumdrehen – was bedeutet, daß er mich beherrschte –, anscheinend eine eindeutig ödipale Situation. Danach erzählte er mir einen Traum. Er sagte:

> »Ich hatte einen Traum, in dem ich M. (der Freundin) meine Halluzinationen erklärte. Ich erzählte ihr: ›Schau, ich träume ein Auto herbei, dann ist es da.‹ Und das Auto erschien.« Er setzte sich auf den Vordersitz. Aber es gab keine Unterteilung zwischen vorn und hinten – keine Stütze [pole] zum Anlehnen. Er begann, rückwärts zu fallen, und empfand äußerste Panik.

Und er erwachte mit schwerer Angst.

Ich verstand seine Assoziationen, die der Traumerzählung vorausgingen, und den Traum selber so: Die Stütze [*pole*] ist ein phallisches Symbol. Aber ich bin auch polnischer [*Polish*] Herkunft, zudem kannte er den Namen meines Ehemannes, nämlich *Paul*. In Abwesenheit der Stütze [pole], des Vaters bzw. des Penis in der Vagina, gibt es nichts, das ihn daran hindern könnte, nicht nur auf einer genitalen Ebene mit seiner Mutter Verkehr zu haben, sondern nichts würde ihn an uneingeschränkter projektiver Identifizierung mit ihr hindern. Was ein Gewahrwerden seiner Gedanken sein sollte, wird als äußere Tatsache erfahren – etwas geschieht im Körper der Mutter. Das Auto, von dem er träumte, erscheint als äußere Tatsache. Was seine Gedanken waren (was er ›herbeiträumte‹), wird als Realität in der äußeren Welt erlebt. Aber der ganze Vorgang ließ anstelle einer Halluzination an jenem Punkt einen Traum entstehen. Etwas später in seiner Analyse wurde deutlich, daß seine Halluzinationen von dem Zeitpunkt an verschwanden, als dieser Traum analysiert worden war.

Nachdem eine beträchtliche Veränderung und Besserung eingetreten war, heiratete der Patient einige Jahre später. Vor seiner Hochzeit, für die er seine Analyse einige Tage unterbrach, zeigte er mir gegenüber eine erhebliche Ambivalenz, wobei ich für ihn den Vater repräsentierte. Als er aus seinen Flitterwochen zurückkam, sagte er, er sei noch nie in seinem Leben so bewegt gewesen wie bei der eigentlichen Trauungszeremonie. Er hatte sich aus Achtung vor seinem toten Vater entschlossen, in der Kirche zu heiraten, obwohl er selber nicht religiös war. Er hatte darum gebeten, daß das Lieblingslied seines Vaters – ›Der Herr ist mein Hirte‹ – bei der Trauungszeremonie gesungen würde. Er sagte, noch nie in seinem Leben sei er so glücklich und so unglücklich zugleich gewesen. Er wußte nicht, ob er in diesem Moment seinen Vater zurückgewinnen oder verlieren würde, so stark war er sich der Anwesenheit seines Vaters in seinen Gedanken bewußt und so stark empfand er dessen reale Abwesenheit während der Hochzeit. Dann erzählte er mir einen Traum, den er letzte Nacht geträumt hatte, in dem ein Fischer ihn mit hinausnehmen sollte, um ihm das Fischen beizubringen. Die Hände des Fischers waren verbunden, weil er sich geschnitten hatte. Aber der Fischer versicherte ihm, daß er dennoch sein Versprechen halten könne.

In der letzten Stunde vor der Unterbrechung hatte ich Gelegenheit, ihn darauf hinzuweisen, daß er sehr schneidend zu mir war. Ich war der Fischer/Vater mit der verbundenen Hand, aber nicht ein so grollender Vater, daß ich meine Hilfe zurückgezogen hätte.

Es ist ersichtlich, daß der erste Traum, wie ich es nenne, pseudoödipal ist. Auf den ersten Blick sind seine ersten Assoziationen darauf ödipaler Natur, wenn er mit seiner Mutter/Analytikerin Liebe machen will. Aber der Traum enthüllt etwas ganz anderes. Er möchte sich in einer Weise in die Analytikerin hineinprojizieren, die zu Konfusion und Panik führt. Im Gegensatz dazu wird der Vater im zweiten Traum als getrennte Person gesehen, mit echter ödipaler Ambivalenz sowie dem Erleben von Verlust und Schuld. Dies kann zu einer Introjektion und positiven Identifikation mit den männlichen Eigenschaften des Vaters führen.

Es gibt auch einen Unterschied in seinem psychischen Funktionieren. Der erste Traum erklärt seine Neigung zu halluzinieren, ein Versagen adäquater Symbolisierung – was er denkt, *ist da*. Im zweiten Traum werden die äußere und innere Situation klar voneinander unterschieden. Er ist sich der realen Abwesenheit seines toten Vaters und dessen Gegenwart in seinen Gedanken gleichzeitig bewußt. Sein Denken ist keine Halluzination, sondern die Erinnerung an etwas Erlebtes. Und er macht die Erfahrung echter depressiver Trauer.

In den letzten Jahren hat unser Interesse an der Beziehung zwischen der frühen Ödipussituation, Symbolisierungsvorgängen und der Fähigkeit zu denken stetig zugenommen. Ich habe die Behauptung aufgestellt, daß eine angemessene Symbolisierung nur durch das Durcharbeiten der depressiven Position und die Unterscheidung zwischen innerer und äußerer Realität etabliert werden kann. Mehr und mehr bin ich zu der Überzeugung gelangt, daß für diesen Prozeß das Akzeptieren des Vaters und des ödipalen Paares von grundlegender Bedeutung ist. Angriffe auf das elterliche Paar und die Verbindungen zwischen den Eltern führen unvermeidlich zu einem Zerreißen von Denkvorgängen. Haß auf die elterliche Paarbildung wird zum Haß auf das Denken. Britton (1989) beschreibt eine Patientin, die ihm immer dann, wenn sie dachte, er sei nachdenklich, entgegenschrie: »Stop this fucking thinking!«

Für eine zusätzliche Erweiterung unseres Symbolverständnisses sorgte Bion mit seiner Theorie von Container/Contained und der Alpha-Funktion. Er erweiterte das Konzept der projektiven Identifizierung. Aus seiner Sicht handelt es sich bei der projektiven Identifizierung nicht nur um eine Phantasie in der kindlichen Psyche; sie stellt auch die erste Kommunikationsform des Individuums dar. Das Kind projiziert seine Todesangst und rudimentäre Elemente von Erfahrung, die er Beta-Elemente nennt, in die Mutter. Diese verfügt über eine unbewußte Wahrnehmung dieser Elemente, und wenn sie darauf mit Verständnis reagiert, so werden sie durch das, was Bion Alpha-*Funktion* nennt, in Alpha-*Elemente* umgewandelt. Letztere sind Beta-Elemente, die durch Verstehen modifiziert worden sind. Diese Alpha-Elemente lassen sich zu Symbolisierung und Denken verwenden. Das Kind introjiziert nicht nur seine in Alpha-Elemente transformierten Beta-Elemente, sondern internalisiert auch die mütterliche Fähigkeit zum Containment. Dadurch wird die Alpha-Funktion zu einem Teil von ihm selbst.

Bions Theorie der Beziehung zwischen Container-Contained als grundlegender Struktur des psychischen Apparats ist überwiegend eine Zwei-Körper-Beziehung. Gelegentlich erwähnte er einen dritten Körper, verband dies aber nicht ausdrücklich mit den Anfängen einer ödipalen Situation. Britton erweiterte dieses Modell, indem er es mit der Einbeziehung eines dritten Objektes verband und damit den Begriff des Containers auf eine trianguläre Situation ausdehnte. Er beschreibt sie als ein Dreieck mit drei Spitzen: Vater, Mutter und Kind. Die Linien zwischen den Spitzen repräsentieren die verschiedenen Beziehungen: Kind zu Mutter, Kind zu Vater und Vater zu Mutter. Während die Container-Contained Beziehung zwischen Mutter und Kind, wenn alles gut geht, für das Kind vollkommen zuträglich ist, gestaltet sich jene, die den Vater einschließt, komplizierter, da sie stets einen ausgeschlossenen Dritten miteinbezieht, oder besser das Bewußtsein eines Dritten, der die beiden anderen beobachtet. Der ausgeschlossene Dritte kann als feindselig und die beiden auseinanderdrängend gesehen werden. In diesem Fall ist das Containment zwischen Mutter und Kind zerrissen. Er kann aber auch als wohlwollend bzw. als objektiver Beobachter gesehen werden. Dieser objektive Beobachter wird zu jenem Teil der kindlichen Psyche, der in der Lage ist, die Realität zu beobachten und über sie nachzudenken. Der trianguläre Container scheint ein sehr komplexes und abstraktes Konzept zu sein. Und dennoch, wenn man es kennt, kann es klinisch sehr anschaulich werden. Hier ein Beispiel:

Frau D. wurde immer wieder von Panikattacken gequält. Obwohl sie intelligent ist, verliert sie ihre Konzentration und ihre Fähigkeit zu denken, wenn sie bewußt oder unbewußt in einen Zustand von Panik gerät. Während einer Stunde beschrieb sie akute Ängste wegen eines Lochs in einer Wand. In ihrem Haus mußten einige Bauarbeiten durchgeführt werden. Sie konnte sich nicht vorstellen, daß das möglich sei, ohne daß es ein großes Loch in der Wand gäbe. Sie glaubte, ihre Kinder oder sie selbst könnten durch das Loch fallen, und überhaupt versetzte sie der Gedanke an dieses große schwarze Loch in Panik. Es war in der Stunde ziemlich klar, daß sie innerlich über keinerlei Vorstellung verfügte, der Maurer könnte wissen, was er tue. (Die Übertragungsbezüge waren offensichtlich.) Als ich ihr dies gedeutet hatte, erzählte sie mir von einer weiteren Panik, die sie auf dem Weg zur Stunde überfallen hatte. Sie hatte ihr Tagebuch verloren, das vertrauliche Informationen über sie selbst und die Arbeit in ihrem Büro enthielt, die auch andere Leute betraf. Der Verlust des Tagebuches könnte eine Katastrophe bedeuten. Allmählich stellte sich heraus, daß der Verlust des Tagebuches etwas damit zu tun hatte, daß sie auf einem Plakat von einem Vortrag gelesen hatte, den ich gemeinsam mit einem Mann halten würde. Sie hatte nicht vor, diese Veranstaltung zu besuchen, aber sie wollte außerdem das Datum vergessen, um nicht davon beunruhigt zu werden. Die Indiskretion bezog sich darauf, daß sie es als unanständig empfunden hatte, daß ich mich auf einer Bühne mit einem Mann zur Schau stellte.

Die nächste Stunde war sehr schwierig, und es war kaum möglich, analytisch zu arbeiten, weil die Patientin darauf aus war, jede mögliche Verbindung zu unterbrechen. Zwei Themen deuteten sich an. Das eine betraf einen inneren Folterer. Es führte schließlich zu einer Phantasie von einer Hand, die eine Brust, die voller Eiter ist, grausam ausdrückt. Das zweite Thema bezog sich auf Sexualität. Sie hatte das Gefühl, ich und andere wollten ihr den sexuellen Verkehr als etwas Vergnügliches und Nicht-Destruktives einreden, was eine Verleugnung und Idealisierung darstelle, denn: »Ich dachte, jedermann weiß, daß Sex immer sadomasochistisch ist.« Eine andere Sichtweise, die sie von Sexualität hatte, bestand darin, daß zwei Leute voller Grausamkeit gegenüber einer dritten Person miteinander Verkehr haben, vor der sie sich zur Schau stellen, um dieser dritten Person unerträgliche Gefühle von Ausgeschlossenheit, Unterlegenheit und

Eifersucht aufzuerlegen. Einige Verbindungen ließen sich herstellen – zum Beispiel, daß die Eltern bzw. ich mich dem Kind grausam zur Schau stellten und damit ihre Beziehung zur Brust zerstörten. Aber insgesamt blieb die Patientin abgeschlossen von mir, ärgerlich und sehr ängstlich. In der dritten Stunde war, während sie vom Loch sprach, im Behandlungszimmer Musik aus der Nachbarwohnung zu hören. Sie machte mich darauf aufmerksam und sagte, das lasse sie an tanzende Leute denken. Sie fühlte sich davon nicht gestört oder verfolgt. Schließlich konnten wir feststellen, daß das furchtbare Loch in ihrer Vorstellung der fehlende Raum sei, in dem sie wahrnehmen könnte, wie Eltern, dargestellt durch mich, miteinander tanzen. Später in der Stunde begann sie über ihre Schwierigkeiten bei der Abfassung eines Berichts zu sprechen, den sie für ihre Arbeit schreiben mußte, aber sie tat dies viel ruhiger und mit mehr Verständnis. Diese Patientin hatte eine idealisierende Beziehung zur Brust, aber diese Beziehung war sehr brüchig und konnte nur dadurch aufrechterhalten werden, daß sie ihre Ambivalenz abspaltete. Das Auftauchen eines dritten Objektes verwandelte alles in Folter. Sie fühlte sich nicht nur von Phantasien einer von Grausamkeit durchtränkten Sexualität gefoltert, sondern die ursprüngliche Beziehung zur Brust wird durch dieses Eindringen zerstört und wird ebenfalls zu einer Folter. Kommt es zu diesem Eindringen, verliert sie innerlich selbst alle Verbindungen und fühlt sich zerstückelt und angefüllt mit intensiven paranoiden und hypochondrischen Phantasien. An diesen Stellen geht ihre Fähigkeit zu verstehen und zu symbolisieren verloren. Wenn ich mit anderen spreche, so erlebt sie das, als würde ich sie zwingen, Zeuge eines real stattfindenden sexuellen Verkehrs zu sein. Die schlechten Gefühle über mich werden zu einer gequälten und quälend-giftigen Brust in ihr, die sie in Form körperlicher Symptome erlebt. Sie kann die daraus entstehenden Verfolgungsgefühle loswerden, indem sie in ihrem Inneren ein Loch erzeugt anstelle eines Raumes, der die tanzenden Eltern beherbergen kann. Später, in der dritten Sitzung, zeigt sie jedoch, wie Containment und Verstehen durch die analytische Situation zu einer Transformation von Beta-Elementen in Alpha-Elemente führten.

Aus dem Englischen übersetzt von Isolde Mäder-Kruse
unter Mitarbeit von Heinz Weiß

Literatur

Bion, W. (1962): Learning from Experience. Heinemann, London. Deutsch: Lernen durch Erfahrung. Übers. von E. Krejci. Frankfurt a. M.: Suhrkamp 1990.

Britton, R. (1989): The missing link: parental sexuality in the Oedipus complex. In: Britton, R., Feldman, M. und O'Shaughnessy, E.. The Oedipus Complex Today: Clinical Implications. London: Karnac 1989, S. 83–101.

Jones, E. (1916): The Theory of Symbolism. Brit J Psychology 9, 181–229. Auch in: Papers on Psychoanalysis 2. Auflage, 87–144. Deutsch: Die Theorie der Symbolik. Übers. von H. Sachs. Teil I–III: Int. Z. Psychoanalyse 5 (1919), 244–273. Teil IV: Int. Z. Psychoanalyse 8 (1922), 259–289. Auch in: Psyche 24 (1970), 942–959 (Teil I–II) und Psyche 26 (1972), 581–622 (Teil III–IV). Auch in: Die Theorie der Symbolik und andere Aufsätze. Frankfurt a. M.: Ullstein 1978, S. 50–114.

Klein, M. (1923): Die Rolle der Schule für die libidinöse Entwicklung des Kindes. Int. Z. Psychoanalyse 9, 323–344. Auch in: Melanie Klein, Gesammelte Schriften, Bd. 1, Teil 1, Stuttgart: Fromann-Holzboog 1995, S. 139–162.

Klein, M. (1930): Die Bedeutung der Symbolbildung für die Ichentwicklung, Int. Z. Psychoanalyse 16, 56–72. Auch in: Psyche 14 (1960), 242–255. Auch in: Melanie Klein, Gesammelte Schriften, Bd. 1, Teil 1, Stuttgart: Fromann-Holzboog 1995, S. 347–368.

Segal, H. (1957): Notes on symbol formation. Int. J. Psycho-Anal. 38, 391 bis 397. Deutsch in: Wahnvorstellung und künstlerische Kreativität. Übers. v. A. Lösch. Klett-Cotta, Stuttgart, S. 73–93. Auch in: E. Bott-Spillius (Hg.), Melanie Klein heute. Bd. 1. Beiträge zur Theorie. Verlag Internationale Psychoanalyse, München 1992, S. 202–224.

Hermann Lang

Die strukturale Triade – Zur Bedeutung des symbolischen Dritten

Als der 30jährige Versicherungsangestellte F. K. sich zum ersten Mal anschickte, seine Verlobte in deren Heimatstadt Berlin zu besuchen, schrieb er an sie: »Ich komme mir vor, als stünde ich vor einer abgesperrten Tür, hinter der Du wohnst und die sich niemals öffnen wird.« In den folgenden Jahren folgen auf Versuche der Annäherung und Heirat sofort Momente und Phasen des Zurückschreckens, auf zweimalige Verlobungen folgen zweimalige Entlobungen. An einen Freund schreibt er: »... Ich bin gierig nach Alleinsein. Die Vorstellung einer Hochzeitsreise macht mir Entsetzen, jedes Hochzeitsreisepaar, ob ich mich zu ihm in Beziehung setze oder nicht, ist mir ein widerlicher Anblick, und wenn ich mir Ekel erregen will, brauche ich mir nur vorzustellen, daß ich einer Frau den Arm um die Hüfte lege.« In sein Tagebuch notiert er: »Der Koitus als Bestrafung des Glücks des Beisammenseins. Möglichst asketisch leben, asketischer als ein Junggeselle, das ist die einzige Möglichkeit für mich, die Ehe zu ertragen.« Zugleich aber kommt er von der Verlobten nicht los. Auf jede Annäherung folgt sofort die entsprechende Distanzierung. Er findet hierfür selbst die Formel: »Ich kann nicht mit ihr leben, und ich kann ohne sie nicht leben.« Warum diese perniziöse Dialektik von Nähe und Distanz, die den Anderen braucht und doch verhindert, mit dem Anderen zusammenzusein?

In psychoanalytischer Perspektive entstehen solche Schwierigkeiten nicht von jetzt auf nachher, nicht von heute auf morgen, sie setzen vielmehr eine bestimmte Disposition voraus, die sich dann in der aktuellen Situation, aktuellen Begegnung aktualisiert findet. Eine solche Strukturierung erfolgt in der Kindheit, ja der frühen Kindheit – deshalb können wir auch von sogenannten »frühen« Störungen sprechen. Die primären Bezugspersonen, die Familie als der

Raum, worin sich primäre Sozialisation vollzieht, geraten so in den Brennpunkt des Interesses. Auf die erste, die biologische Geburt folgt eine zweite, die psychosoziale. In der nachfreudianischen psychoanalytischen Bewegung steht dabei – abgesehen von der Schule Melanie Kleins, die wir hier zu Gast haben – die Mutter-Kind-Dyade im Zentrum der Betrachtung, ist es doch die Mutter, die nährt und pflegt, in die »Muttersprache« und damit in die Sozietät einführt. Gerne zitiere ich an dieser Stelle ein Statement von Alfred Lorenzer: »Für das Gefüge psychoanalytischer Theorie hat dieses Beziehungsfeld (Mutter-Kind-Beziehung) zweifellos die Relevanz einer Grundfigur. Was alle psychoanalytischen Untersuchungen konkreter Mutter-Kind-Dyaden hervorheben, ist die grundlegende Bedeutsamkeit dieses Beziehungsfeldes für jede Weiterentwicklung des Kindes. Dies darf gleichermaßen als allgemeiner Konsens psychoanalytischer Autoren angesehen werden …« (Lorenzer 1972).

Der Vater, biologisch am Anfang relevant, verschwindet dann für eine Weile, ehe er wieder in der sogenannten ödipalen Phase als Rivale des Sohnes und Liebesobjekt des Mädchens auftaucht. Man (d. h. die Mutter) bedarf seiner gewissermaßen als Startschuß, dann ist sie mit dem Kinde allein. Doch selbst bei diesem biologischen Start ins Leben ist er eigentlich als Person überflüssig, nicht anders als der Stier ist er durch Spritzen ersetzbar. Wenn es seiner überhaupt noch bedarf, dann vielleicht »für schnelle fünf Minuten«. In der *Bild*-Zeitung vom 25.08.1998 heißt es unter der Abbildung einer fast enthüllten Dame: »Sucht nach einem Samenspender für ihr Baby: Fernsehstar Christel Harthaus.« Im Bericht heißt es weiter: »TV-Star Christel Harthaus (44, »Linda«, Donnerstag 20.15, 3Sat): Sie ist der Traum aller Männer, sorgt für Kribbeln im Bauch. Doch die schöne Powerfrau ist solo, will nur das »eine« – ein Baby. Von Dauer soll der Mann dafür nicht sein. In *Bild* sucht sie deshalb einen reinen Samenspender und kann sich jetzt vor Angeboten kaum retten. Wildfremde Männer – Prominente, Gebäudereiniger, Barkeeper –, sie alle betteln: »Bitte, bitte, nimm mich.« So z. B. Schlagerstar Jürgen Drews (50 – »Ein Bett im Kornfeld«): »Montags geht meine Ehefrau Ramona immer shoppen. Da hätt' ich zwei Stündchen Zeit für die Christel. Ich freu' mich drauf – auf diese Weise gibt's vielleicht einen Onkel Jürgen mehr« – einen Onkel also, aber keinen Vater. Oder Drafi Deutscher (52 – »Marmor, Stein und Eisen bricht«): »Ärzte glauben zwar, daß ich zeugungsunfähig bin. Aber bei so einer tollen Frau wird's bestimmt noch mal klappen.« Ein letztes Votum – Lotto-King Karl (31), Radiomoderator und Rapper in Hamburg: »Ich bin der Mega-Samenspender. Und ganz bei mir in der Nähe ist auch ein McDonald's Drive-In. Zwischen Bestellen und Bezahlen könnten wir 'ne kleine Nummer schieben.«

Vaterschaft reduziert sich zur Zeit des »Drive-through«, die nicht mal zum Verzehr eines Little-Mac reichen würde. Doch auch die seriösere Presse zeigt Analoges: Am 04. 10. 1993 heißt die Titelgeschichte von *Focus*: »Väter – die neuen Sündenböcke: ›Abwesende Väter und Schlaffy-Papies sollen Schuld sein an der Gewalt und Orientierungslosigkeit der Kinder.‹« Vier Jahre später, in der *Spiegel*-Ausgabe vom 17. 11. 1997, fungiert als Titelgeschichte: »Die vaterlose Gesellschaft«. Der *Spiegel* greift hier einen Titel auf, der Mitscherlich unter der Formulierung »Auf dem Weg zur vaterlosen Gesellschaft« bereits 1963 bekannt gemacht hat.

»Abwesende Väter«, »Gesellschaft ohne Väter« – ist dem inzwischen wirklich so? Psychoanalyse ist gerade dadurch ausgezeichnet, daß sie sich nicht mit einer deskriptiven, oberflächlichen Phänomenologie zufriedengibt, sondern »tiefer«, nach Tiefenstrukturen fragt. Und so zeigt es sich, daß es nicht immer des unmittelbar anwesenden Vaters bedarf, damit Vaterschaft präsent ist. In Kriegen wachsen Kinder ohne Präsenz der Väter auf – und brauchen doch nicht vaterlos zu sein. Die Väter schicken z. B. Briefe, welche die Mutter vorliest. Unter Vermittlung der Mutter ist der abwesende Vater anwesend. Im Wort der Mutter ist der Vater präsent. Entscheidend muß also zunächst nicht die unmittelbare Gegenwart des Vaters gegenüber dem Kinde sein, entscheidend ist vielmehr, ob er im Diskurs der Mutter appräsentiert wird, entscheidender, »welchen Wert sie seinem Wort beimißt«, seiner, wie Lacan (1966) sagt, »Autorität«.

So kann sich, trotz physischer Abwesenheit des Vaters, eine »Triade« zwischen Mutter, Vater und Kind bilden. Im Blick auf den

Vater können wir hier zugleich, da er über die Sprache, das Symbolische, vermittelt ist, in erster Annäherung von einem »symbolischen Dritten« sprechen. Das bedeutet: Wie die Mutter-Kind-Beziehung strukturiert ist, hängt wesentlich davon ab, wie die Mutter zum Ehemann bzw. Partner steht und dieser zu ihr. Von Bedeutung ist deshalb zunächst weniger die unmittelbare Gegenwart des Vaters – obwohl sich das heute langsam ändert –, maßgebend ist zunächst und vor allem seine mittelbare, vermittelte Präsenz, sofern sie über die eheliche Beziehung oder Partnerrelation eine Triade mitkonstituiert. Präsent hat der Vater bezüglich seiner Frau zu sein, denn die Art seiner Beziehung zur Kindesmutter wird deren Relation zum Kinde mitbestimmen. Ist die elterliche Beziehung intakt, nimmt der Vater seinen strukturell vorgezeichneten Platz ein, wird von Anfang an der Verweis auf ein Drittes die reine Dualunion gar nicht aufkommen lassen, wird die Triade zum strukturellen a priori der Entfaltung menschlichen Daseins. Es bedarf deshalb von Anfang an der Verinnerlichung des väterlichen Strukturmoments, der Errichtung der Repräsentanz »Vater«, des »Namen-des-Vaters« (Lacan 1966), es bedarf dieser Errichtung als Voraussetzung dessen, was wir dann später als den sogenannten heute jedermann bekannten Ödipuskomplex erfahren können. Die moderne Säuglingsforschung hat zeigen können, daß schon sehr früh eine Differenzierung zwischen konkreter mütterlicher und väterlicher Interaktion gelingt. Sie wird den Prozeß triangulärer Strukturiertheit weiter fördern und festigen. Die klassische Unterscheidung zwischen präödipaler und ödipaler Phase wird so relativiert. Wir müssen uns hier vergegenwärtigen, daß ein triangulierender Einfluß nicht erst bei der Geburt einsetzt, sondern sich bereits in den Phantasien, die die Schwangere um das werdende Subjekt rankt, vorgezeichnet findet. Die Stelle, die der Vater bereits in diesen Phantasien einnimmt, wird diese Vorzeichnung entscheidend mitbestimmen.

Um den Kern eigener Identität bilden zu können, muß das menschliche Subjekt Abstand zu seinen primären Bezugspersonen gewinnen. Damit dies möglich wird, hat sich im Verhältnis zum primären Anderen ein drittes Strukturmoment abzuzeichnen, das auf eine andere Ordnung als die einer privativen Dualunion verweist. Der reale Vater, der dieses dritte Moment zu verkörpern hat, ist allerdings keine letzte Instanz, er ist selbst nur Verweisung, Funktion, Agent der menschlichen Gesellschaft, der hier – denn darauf beruht diese menschliche Gesellschaft als auf ihrem Urgesetz – das Inzestverbot durchzusetzen hat. Menschliche Gesellschaft – das ist eine Kommunikationsgemeinschaft, eine Sprachgemeinschaft – ist »eine symbolische Ordnung«. Entsprechend formuliert H. Segal (1996): »Von der Symbolbildung hängt die Fähigkeit zur Kommunikation ab, denn jede Kommunikation erfolgt mit Hilfe von Symbolen.« Die Einführung der strukturalen Triade ist deshalb nicht unabhängig von der Einfügung des menschlichen Subjekts in diese symbolische Ordnung, deren Kern die Sprache ausmacht.

Konzipiert die Psychoanalyse den Menschen als Triebwesen, so ist zugleich zu sehen, daß menschliche Begierden Forderungen an den Anderen sind, dieser Andere aber ein sprechendes Wesen ist und Befriedigung deshalb nur über eine Beziehung der Kommunikation erfolgen kann. Sind wir aber gezwungen, unser Begehren sprachlich auszudrücken, so hat dies eine für menschliches Dasein entscheidende Konsequenz. Denn dies impliziert einen vermittelten Zugang zur Wirklichkeit und damit zugleich einen fundamentalen Verlust an unmittelbarer Präsenz, der eine direkte oder absolute Erfüllung menschlichen Begehrens verunmöglicht. Wenn Sprache, ein Symbol, ein Objekt präsentiert, so nur auf dem Hintergrund von Abwesenheit. Das eigentliche Symbol, das Symbol des Neurotikers bzw. Normalen, läßt sich deshalb mit H. Segal strukturell der depressiven Position zuordnen. Denn das Symbol ist gerade dadurch gekennzeichnet, daß es nicht das Objekt ist, das es symbolisiert. Mit der symbolischen Darstellung kommt so die Erfahrung von Verlust ins Spiel: »Ein Symbol ist wie ein Niederschlag der Trauer um das Objekt« (Segal 1996).

Insofern nun Sprache auch unser Begehren, unsere Lusterfahrung strukturiert, ist zugleich jede Befriedigung eine Erfahrung des Fehlens einer totalen Lust, eine Erfahrung des Verfehlens des totalen Lustobjekts. Jede Lust bleibt insofern Vorlust, jedes Objekt nur

Partialobjekt, das totale Befriedigungsobjekt entzieht sich wie das Kantsche »Ding-an-sich«. In seinem Ethikseminar spricht deshalb Lacan (1986; vgl. auch Gondek u. Widmer 1994) ausdrücklich von »la chose«, dem Ding, das insofern der Idee eines vollkommenen Glücks entspricht, ein Ding also, dessen Erhalt die Erfahrung von Mangel endgültig beseitigen würde.

In der Phantasie der Menschen soll vor allem die Liebeserfahrung dieses paradiesische Befinden vermitteln. Ohne diese Strukturierung wäre große Weltliteratur nicht denkbar. Die großen Tragödien beginnen und enden da, wo in der Unbedingtheit des Liebesverlangens, der Liebespartner mehr und mehr als dieses einzig erfüllende »Ding« intendiert und gesehen wird. Erinnern wir nur an Werther und Charlotte, Don José und Carmen, Othello und Desdemona, Tristan und Isolde. Der Partner begegnet jetzt nicht mehr als »Partialobjekt«, das noch Platz zum Träumen, zum Begehren von anderem Raum ließe, sondern als das einzig Erfüllende schlechthin. Tristan geht eine Liebesbeziehung zu Isolde ein, der Frau seines Ziehvaters Marke, ein ödipales Drama also. Und so schließt sich in gewisser Weise jetzt ein erster Kreis unserer Thematik.

Das erste und primär prägende Liebesobjekt ist die Mutter. So nimmt es nicht Wunder, daß gerade in der Mutter die Repräsentation dieses vollständigen Objekts imaginiert wird. In vielen Anschauungen, nicht zuletzt in der psychoanalytischen Narzißmustheorie, steht die Symbiose mit der Mutter, sei sie nun prä- oder postnatal, für diese paradiesische Erfahrung. Der Vater erscheint jetzt als Störenfried, der dieses selige Beisammensein unterminiert. Unter dem Damoklesschwert der Kastrationsdrohung läßt das kleine Subjekt von dieser Personifikation des Dings, dem Inbegriff des Glücks, ab. Nach dem oben Ausgeführten erscheint indessen diese Freudsche Auffassung als zu handgestrickt. Denn allein dadurch, daß der Mensch ein Sprachwesen ist, entbehrt er der Fülle des Seins. Die Verankerung des Menschen im Symbolischen allein bewirkt, daß sich ein total befriedigendes Objekt entzieht, bildet so bereits die Fundamentalstruktur für die strukturale Triade. Der leibliche Vater oder dessen Vertreter, als empirische Person genommen, ist deshalb, wie schon oben gesagt, kein autonomer Gesetzgeber, sondern selbst diesem allgemeinen Gesetz der – wie Lacan sagt – »symbolischen Kastration« unterworfen. Das Gesetz, das Nein, das er dem Kinde auferlegt, ist insofern das Gesetz des eigenen Mangels, des eigenen symbolisch kastrierten Begehrens. Genau diese Art des Begehrens hat er nun auch seinem Kinde zu vermitteln: Daß es kein absolutes Objekt gibt, daß die Tendenz, dieses in Gestalt der leibhaften Mutter zu suchen, gesetzeswidrig und nur illusionär sein kann. Ist diese symbolische Verankerung der Vaterschaft im Wort der Mutter präsent, nimmt der Vater als Repräsentant des »symbolischen Dritten« seinen Platz ein, wird sie selbst als mögliches Totalobjekt distanziert. Somit ist von Anfang an keine Dyade, sondern eine Triade gesetzt.

Es ist nun unsere Auffassung, daß psychische bzw. psychogene Störungen wesentlich mit einer fragilen, »verzerrten« oder gar »gescheiterten« Herausbildung der strukturalen Triade und deren Schicksal zu tun haben. In meiner Habilitationsschrift von 1978 »Die strukturale Triade – Struktural-analytische Untersuchungen zur familiären Tiefenstruktur bei Schizophrenen« habe ich aufzuzeigen gesucht, daß sich bei später an Schizophrenie Erkrankten diese primordiale Triade nicht gebildet hat, der Übergang von der durch die Natur vorgegebenen biologischen Trias Vater, Mutter, Kind zu dieser kulturell-sozialen Konstellation gescheitert war. Der phänomenal schon zu konstatierende Entzug des Vaters, seine in die Augen springende Unverfügbarkeit, seine Tabuisierung, seine »Schwäche« drängten die Folgerung auf, daß das paternale Moment von Anfang an fehlt, nicht internalisiert worden war. Und weil dem so war, konnte es überhaupt erst zur charakteristischen Mutter-Kind-Symbiose mit ihrer spezifischen Ich-Entgrenzung und verfehlten Sozialisation kommen. Schizophrenes Dasein konnte sich aber auch entwickeln, wenn sich statt der Dualunion mit der Mutter eine solche zwischen Vater und Kind einspielte, wenn der Vater in seiner Verweisungsfunktion versagte, als Despot auftrat, sich für das Gesetz selbst ausgab, sich im Diskurs zu seinem Kinde einschloß und jetzt die Mutter als drittes Strukturmoment, in der väterlichen Position sozusagen, aufgerufen wäre, eine solche Dyade zu sprengen bzw. zu verhindern – dieses aber nicht kann oder will. Das konnte beispielsweise in bezug zu einem Vater geschehen, der die Mutter dergestalt als Werkzeug seiner narzißtischen Rekrutierungsstrategien benutzt, daß sie als konstitutives Strukturmoment der Triade verschwand. So lief es am Ende auf dasselbe hinaus, ob der Vater »fehlte« und so der Präpsychotische in der Mutter-Kind-Relation fixiert blieb oder der Vater den späteren Patienten in der Beziehung zu sich erstarren ließ. Im einen wie im anderen Fall wird der Aufbau einer Daseinsordnung in einer strukturalen Triade verunmöglicht (Lang 1978a).

In späteren Arbeiten (Lang 1978b, 1985a und b, 1992a und b, 1995, 1996a und b, 1999a und b) habe ich dann weiter versucht, diesen Ansatz therapeutisch zu nutzen und zum Verständnis von depressiven Erkrankungen, Neurosen, Perversionen und Borderline-Störungen zu applizieren.

Wenn wir diese Konstellationen problematischer und gescheiterter Triangulierung durchgehen, so ist ein alle betreffender Grundzug besonders charakteristisch: das Problem der Nähe-Distanz-Regulierung, das sich zentral im erotisch-sexuellen Bereich zeigt. Das nimmt nicht Wunder, denn Sexualität verschafft Intimität und Nähe, wie sie anders in zwischenmenschlichen Bezügen nicht zu ermöglichen ist. Diese in der Sexualität erfahrene Nähe, sozusagen das Herunterreißen der sonst trennenden zwischenmenschlichen Wände, kann enorme Glücksgefühle vermitteln, kann aber auch enorme Ängste wecken – Ängste z. B., daß man dem Anderen ausgeliefert ist, im Verschmelzungserlebnis die Selbstkontrolle verliert. Der strukturell in einer Dyade verbliebene oder auf dyadische Erfahrungen Fixierte und Tendierende ist hier zentral betroffen. Wir stoßen dabei auf eine Konfiguration, die den Anderen dergestalt begegnen läßt, daß eine konsistente Abgrenzung zwischen Ich und Nicht-Ich nicht gegeben ist und damit ein fundamentaler Mangel der Komplettierung des eigenen Selbst verdrängt, geleugnet oder abgespalten ist. Anders formuliert: die Betroffenen sind auf das »Ding«, ein Objekt fixiert, das absolute Erfüllung bringen und damit den Mangel beseitigen soll. Was aber ist die Kehrseite dieser vermeintlichen Glückseligkeit? Angst – denn das Lied vom absoluten Ding ist ein

Sirenengesang, der den Betroffenen nicht anders als Odysseus existentiell bedroht. Don José ersticht Carmen, als dieses allein glückseligmachende Objekt ihn verläßt, und wird zum eigenen Tod abgeführt. Othello erwürgt Desdemona, als dieses allein erfüllende Objekt vermeintlich untreu wird, und stürzt sich ins eigene Schwert. Die irische Königstochter Isolde, tief verbittert, daß Tristan sie für seinen Oheim und Ziehvater König Marke von Cornwall freit, reicht ihm den Todestrank. Doch ihre Dienerin hatte ihn mit dem Liebestrank vertauscht. Statt tot darniederzusinken, entbrennen beide in Liebesglut. Eine tödliche Verletzung ist die Strafe für diesen ödipalen Treubruch.

»Tristan« – ein ödipales Drama. Wir sind wieder beim Ödipuskomplex, und hier erscheint die Mutter als erster Repräsentant des »Dings«. Nach dem gerade Ausgeführten wird verständlich, daß deshalb eine tiefe Ambivalenz das Verhältnis zur Mutter kennzeichnet: auf der einen Seite eine lebenslange Sehnsucht nach regressivem Aufgehobensein, in narzißtischer Verschmelzung aller schmerzhaften Individuierung und Selbstverantwortlichkeit, allen Mangels ledig, heil, ganz zu sein, auf der anderen Seite Angst, gerade in einem solchen Verschmelzungsgeschehen verschlungen, nihiliert zu werden. Diese Kehrseite klingt an, wenn Freud in »Jenseits des Lustprinzips« hinter einem absolut Lust verheißenden Nirwanaprinzip den Todestrieb am Werke sieht. Höchste Lust und Tod scheinen zusammenzufallen. Isolde, die Tristan in den Tod folgt, stirbt mit den Worten »höchste Lust« ihren Liebestod. Der Liebestrank verwandelt sich letztlich doch zum Todestrank.

»Leben« setzt deshalb ein Verbot, einen Entzug dieser absolute Lust versprechenden Objekte voraus. Erst wenn ein solches »Ding-an-sich« verboten und unzugänglich geworden ist, können dann andere, die relativierte Lust, Vorlust bringen, überhaupt erst erscheinen. Steht das primäre Beziehungsobjekt für das absolute Objekt, muß es verboten sein, damit andere Objekte möglich werden. Bleibt das Begehren auf das primäre Objekt fixiert, weil eine entsprechende Triangulierung fehlt, ist es, wie Israel (1986) einmal für den Mann formuliert hat, »als ob alle Frauen verboten wären, nur die eine nicht«.

Ist die Tür zur Mutter als Repräsentantin des Dings nicht versperrt, werden die Türen zu allen anderen Frauen verschlossen sein. »Als stände ich vor einer abgesperrten Tür« hatte unser eingangs erwähnter Patient geklagt, als es darum ging, sich der Verlobten weiter zu nähern, sie zu heiraten (vgl. auch Knobloch 1994).

Welche Konstellation lag hier vor, und wie sind die massiven Kontaktängste des Erwachsenen damit in Zusammenhang zu bringen? Ein autobiographisches Zeugnis, ein Brief, an den Vater gerichtet, kann hier Aufschluß geben. Den unmittelbaren Anlaß zur Niederschrift bot eine »kleine Aussprache (mit dem Vater) an einem der paar aufgeregten Tage nach Mitteilung meiner letzten Heiratsabsicht.« Diese Absicht galt einem Fräulein Julie Wohryzek, der unser Patient in Schelesen, einem Erholungsort nördlich von Prag, dem Schreibort des Briefes, begegnet war. Ausgehend von dieser »zweiten unglückseligen Liebes- und Verlobungsgeschichte« verfaßt hier unser Autor gewissermaßen seine Autobiographie. Zweimal hatte er sich mit derselben Frau verlobt und zweimal diese Verlobungen aufgelöst, sich mit einer anderen noch einmal verlobt und auch diese Verlobung gelöst.

Literarische Kenner werden natürlich längst wissen, um welchen »Patienten« es hier geht. Es geht um Franz Kafka und seinen berühmten »Brief an den Vater«, dessen Analyse abschließend unser Konzept noch etwas veranschaulichen soll. Kafka ist, wie er selbst sagt, »unfähig zu heiraten«, und er fährt fort: »Das äußert sich darin, daß ich von dem Augenblick an, indem ich mich entschließe zu heiraten, nicht mehr schlafen kann, der Kopf glüht bei Tag und Nacht, es ist kein Leben mehr, ich schwanke verzweifelt herum. Es sind das nicht eigentlich Sorgen, die das verursachen, zwar laufen auch entsprechend meiner Schwerblütigkeit und Pedanterie unzählige Sorgen mit, aber sie sind nicht das Entscheidende, sie vollenden zwar wie Würmer die Arbeit am Leichnam, aber entscheidend getroffen bin ich von anderem. Es ist der allgemeine Druck der Angst, der Schwäche, der Selbstmißachtung.«

Diese Unfähigkeit hängt nun für den Dichter essentiell mit dem Verhältnis zum Vater zusammen: »Die Heirat ist gewiß die Bürgschaft für die schärfste Selbstbefreiung und Unabhängigkeit. Ich hätte eine Familie, das Höchste, was man meiner Meinung nach erreichen kann, also auch das Höchste, das Du erreicht hast. Ich wäre Dir ebenbürtig, alle alte und ewig neue Schande und Tyrannei wäre bloß noch Geschichte. Das wäre allerdings märchenhaft, aber darin liegt auch eben schon das Fragwürdige. Es ist zuviel, so viel kann nicht erreicht werden. Es ist so, wie wenn einer gefangen wäre, und er hätte nicht nur die Absicht zu fliehen, was vielleicht erreichbar wäre, sondern auch noch, und zwar gleichzeitig, die Absicht, das Gefängnis in ein Lustschloß für sich umzubauen. Wenn er aber flieht, kann er nicht umbauen, und wenn er umbaut, kann er nicht fliehen … Das Heiraten ist zwar das Größte und gibt die ehrenvollste Selbständigkeit, aber es ist auch gleichzeitig in engster Beziehung zu Dir. Hier hinaus kommen zu wollen, hat deshalb etwas von Wahnsinn, und jeder Versuch wird fast damit gestraft.«

Auffallend hier die Phantasie, daß er es nicht bei dem Bild der Flucht aus dem Familiengefängnis und dem einfachen Fortgehen beläßt, das könnte einen endgültigen Ablösungsschritt andeuten. Entsprechend schreibt Bräutigam (1975) in einer kleinen Arbeit »Anthropologie der Neurose«, worin er ebenfalls auf Kafkas »Brief an den Vater« eingeht: »Das Bild des ›gleichzeitig‹ mit der Flucht auf den Platz des Familiengefängnisses errichteten Lustschlosses zeigt die ganze neurotische Fixierung und den inneren Zwiespalt seiner Selbstbefreiung: indem das Lustschloß, die Konstituierung der eigenen sexuellen und sozialen Selbständigkeit, an dem Platz des Familiengefängnisses errichtet werden soll, zeigt sich, wie sehr die Phantasien innerhalb des engen Kreises der eigenen Kernfamilie gebunden bleiben.«

Verselbständigung, Sexualität, Heiraten bleiben verstrickt mit der Überwindung des Vaters und mit Schuldgefühlen vor ihm und – wir müssen ergänzen – mit der Mutter, die, wenn im Brief erwähnt, immer mit Ausdrücken von Zärtlichkeit und Güte beschrieben wird. Helmwart Hierdeis (1997) stellte verschiedenen Schriftstellern und Wissenschaftlern die Aufgabe, anstelle von Hermann Kafka, dem Vater, auf des Sohnes Brief zu antworten. Bekanntlich hatte ja der

Brief seinen Adressaten nie erreicht. U. a. antwortet Schmidbauer (1997) hinsichtlich der gerade aufgeworfenen Frage: »Du sagst wenig über die Beziehung zu Deiner Mutter, aber ist es nicht viel entscheidender für Dein Versagen in diesen ewig angekündigten und dann doch nicht vollzogenen Hochzeiten, daß Du sie nicht loslassen konntest und jede der Frauen, deren Zuneigung Du fandest, an ihr gemessen hast? ... Es scheint mir, als wolltest Du Deine Kindheit nicht loslassen ... Deine Mutter und Du, das ist aber ein anderes Kapitel. Sie hat Dich immer sehr geliebt, mehr als die Mädchen (Kafkas drei Schwestern), obwohl sie gerecht sein wollte und auch mir immer verbunden war. Du schreibst von dieser großen, unerträglichen Angst vor einer Ehe und erwähnst mit keinem Wort, daß Ehe doch heißt, sich mit einer anderen Geliebten zu verbinden als mit der, die eine Kindheits- und Jugendzeit die einzige, die große und mächtige Frau war ... Ich bin die einzige Quelle Deiner Schuldgefühle, kein Wort gilt Deiner Furcht, einer anderen Frau die Liebe zu schenken und sie von ihr zu empfangen, die doch ohne Zweifel zwischen Dir und Deiner Mutter herrschte«.

Kaum hatte Kafka Felice Bauer, die eingangs erwähnte erste Verlobte, kennengelernt und kaum hatte offensichtlich die ganze perniziöse Dialektik von Nähe und Distanz begonnen, schreibt er in einer einzigen Nacht »Das Urteil« nieder. »Das Urteil« ist die Geschichte Georg Bendemanns, der von seinem Vater zum Tode durch Ertrinken verurteilt wird, weil er sich verlobt hat. Georg Bendemann vollstreckt das Urteil an sich selbst. Die Verlobte Frieda Brandenfeld hat mit Felice Bauer die Initialen gemeinsam, in einer Tagebuchnotiz identifiziert er sich selbst mit Georg Bendemann. Offenbar spiegelt das Dreieck Vater-Georg-Frieda das eigene Dreieck Vater-Sohn-Verlobte. Der in höchster Erregung vorgebrachte Schuldvorwurf des Vaters gegenüber dem Sohn Georg lautete: ›... damit Du an ihr Dich befriedigen und der Mutter Andenken schänden kannst ...‹ Der Schuldvorwurf bringt, wie Bräutigam notiert, ausdrücklich ›die inzestuöse Zusammenziehung von Verlobter und Mutter‹. Franz Kafka bleibt offensichtlich inzestuös in seinen Vorstellungen an die Mutter fixiert. »Sie steht unsichtbar neben und vor jeder Frau, die damit unerreichbar wird, auf die er Schuldgefühle und Angst transponiert, vor allem vor den Verlobten, die er, so gut sie gewählt erscheinen, wieder aufgeben muß, soll er sich nicht in inzestuöse Ängste ... gestürzt sehen« (Bräutigam 1975).

War hier kein Vater, keine Vaterrepräsentanz präsent, die aus dieser Fixierung, diesem Dasein als Nesthocker herauszukommen ermöglichte, ja sie gar nicht hätte aufkommen lassen dürfen? Es scheint nun, als sei hier zuviel Vater präsent gewesen. Kafka geht diesem Verhältnis zum Vater bis in die Kindheit nach, deren Erfahrungen – ganz im psychoanalytischen Sinne – noch ganz das gegenwärtige Erleben bestimmen. »Für mich als Kind war aber alles, was Du mir zuriefst, geradezu Himmelsgebot, ich vergaß es nie, es blieb mir das wichtigste Mittel zur Beurteilung der Welt, vor allem zur Beurteilung Deiner selbst, und da versagtest Du vollständig. Da ich als Kind hauptsächlich beim Essen mit Dir beisammen war, war Dein Unterricht zum großen Teil Unterricht im richtigen Benehmen bei Tisch. Was auf den Tisch kam, mußte aufgegessen, über die Güte des Essens durfte nicht gesprochen werden – Du aber fandest das Essen oft ungenießbar; nanntest es ›das Fressen‹; das ›Vieh‹ (die Köchin) hatte es verdorben. Weil Du entsprechend Deinem kräftigen Hunger und Deiner besonderen Vorliebe alles schnell, heiß und in großen Bissen gegessen hast, mußte sich das Kind beeilen, düstere Stille war bei Tisch, unterbrochen von Ermahnungen: ›zuerst iß, dann sprich‹ oder ›schneller, schneller, schneller‹ oder ›siehst Du, ich habe schon längst aufgegessen‹. Knochen durfte man nicht zerbeißen, Du ja. Essig durfte man nicht schlürfen, Du ja. Die Hauptsache war, daß man das Brot gerade schnitt; daß Du das aber mit einem von Sauce triefenden Messer tatest, war gleichgültig. Man mußte achtgeben, daß keine Speisereste auf den Boden fielen, unter Dir lag schließlich am meisten. Bei Tisch durfte man sich nur mit Essen beschäftigen, Du aber putztest und schnittest Dir die Nägel, spitztest Bleistifte, reinigtest mit dem Zahnstocher die Ohren. Bitte, Vater, verstehe mich recht, das wären an sich vollständig unbedeutende Einzelheiten gewesen, niederdrückend wurden sie für mich erst dadurch, daß Du, der für mich so ungeheuer maßgebende

Mensch, Dich selbst an die Gebote nicht hieltest, die Du mir auferlegtest.«

Vor dem Vater, »diesem riesigen Mann, der letzten Instanz, für den ich nur ein Nichts bin« – wie es an anderer Stelle heißt –, vor ihm verlernte Franz das Reden. »Ich wäre ja wohl auch sonst kein großer Redner geworden, aber die gewöhnlich fließende menschliche Sprache hätte ich doch beherrscht. Du hast mir aber schon früh das Wort verboten. Deine Drohung: ›Kein Wort der Widerrede!‹ und die dazu erhobene Hand begleiten mich schon seit jeher. Ich bekam vor Dir – Du bist, sobald es um Deine Dinge geht, ein ausgezeichneter Redner – eine stockende, stotternde Art des Sprechens, auch das war Dir noch zu viel, schließlich schwieg ich ...«

Mehr und mehr erscheint der Vater als ein allgewaltiger, riesenhafter Autokrat, der mit seiner »grenzenlosen Vitalität, ja allein schon durch seine schiere Präsenz« (Grieser 1998) den Sohn erdrückt. »Manchmal stellte ich mir die Erdkarte ausgespannt und ich quer über sie hin ausgestreckt vor. Und es ist mir dann, als kämen für mein Leben nur die Gegenden in Betracht, die Du entweder nicht bedeckst oder die nicht in Deiner Reichweite liegen.« Wie soll mit einer solch omnipotenten, allgewaltigen Gestalt eine Identifikation, die Internalisierung einer genuinen Vaterrepräsentanz möglich sein? Wir hatten ja gesehen, daß die Errichtung dessen einen Vater der Verweisung, einen selbst symbolisch kastrierten Vater voraussetzt, einen Vater, der gerade keine letzte Instanz ist, sondern selbst dem Gesetz, einer gemeinsamen Ordnung unterworfen ist und gerade nicht als Gesetzgeber selbst, als Despot der Willkür auftritt. So bietet gerade ein solch allgewaltiger Patriarch keine Voraussetzung für den Schutz vor regressiver Bedrohung, die für den Adoleszenten und Erwachsenen von der sexuellen Anziehung der Frauen ausgeht, wenn diese zu sehr die Mutterimago spiegeln. Erst eine gesicherte väterliche Repräsentanz, ein symbolischer Dritter, würde ein volles emotionales Erleben der Sexualität, würde Heirat ermöglichen. Interessant in diesem Zusammenhang auch empirische Untersuchungen. Bei einer belasteten Beziehung zum Vater erscheinen Söhne als deutlich weniger männlich als der Vater. Die Zuwendung eines wohl maskulinen, aber vor allem fürsorglichen Vaters scheint mit einem geschlechtsangepaßten Verhalten des Sohnes einherzugehen (vgl. Fthenakis 1985).

Franz Kafka gilt als einer der größten Schriftsteller dieses Jahrhunderts. Elisabeth Langässer hält ihn sogar für den größten deutscher Zunge. Wie ist nun in diesem ödipalen Komplex diese Kreativität anzusiedeln? Kann Literatur nicht selbst Therapie, therapeutische Selbsthilfe sein? Gab ihm nicht, wie Goethes Tasso, ein Gott zu sagen, was er leidet? Werther erschießt sich, nicht aber Goethe. Ermöglichte es nicht gerade Goethe, diese Leiden ins Wort, in Sprache zu bringen, daß er sich aus der Gefahr des leidenschaftlichen Sichverlierens herausbewegen konnte? Sprache und erst recht dichterische Sprache hat diese Möglichkeit, daß sie uns zu dualen Verstrickungen Distanz verschafft, auf eine Metaebene hebt, die Festgefahrenes, Fixiertes in einem neuen Licht, relativiert, sehen läßt. Sprache hat, wie wir oben gesehen haben, eine triangulierende Funktion. Was sagt der Dichter nun selbst zu seiner Dichtung? »Hier (in meinem Schreiben) war ich tatsächlich ein Stück selbständig von Dir weggekommen, wenn es auch ein wenig an den Wurm erinnerte, der, hinten von einem Fuß niedergetreten, sich mit dem Vorderteil losreißt und zur Seite schleppt. Einigermaßen in Sicherheit war ich, es gab ein Aufatmen; die Abneigung, die Du natürlich auch gleich gegen mein Schreiben hattest, war mir hier ausnahmsweise willkommen. Meine Eitelkeit, mein Ehrgeiz litten zwar unter Deiner für uns berühmt gewordenen Begrüßung meiner Bücher: ›Leg's auf den Nachttisch!‹ (Meistens spieltest Du ja Karten, wenn ein Buch kam), aber im Grunde war mir dabei doch wohl ..., weil jene Formel mir klang wie etwa: ›Jetzt bist Du frei!‹«

Erreicht Kafka nicht diese Metaebene, wenn Georg Bendemann, nicht aber er sich ertränkt? Ist er nicht so wie Goethe, der schreibend den Werther in sich überwindet? »Vom Selbstverlust schreibend, gewinnt der Schreibende sich selbst« (v. Matt 1995).

Schreiben, Dichten hat also zweifellos auch für Franz Kafka einen emanzipatorischen, triangulierenden Effekt – aber das Zitat geht weiter: »Natürlich war es eine Täuschung, ich war nicht oder allergünstigsten Falles noch nicht frei.« Und was war nun der Grund für diese Unfreiheit im an sich befreienden Schreiben? »Mein Schreiben handelte von Dir, ich klagte dort ja nur, was ich an Deiner Brust nicht klagen konnte. Es war ein absichtlich in die Länge gezogener Abschied von Dir …« Kafka plante sogar, sein Gesamtwerk unter den Titel »Fluchtversuch vor dem Vater« zu stellen (Brod 1954). Doch diese Flucht konnte nicht gelingen – und das ist der perniziöse Zirkel, worin der Dichter steckt. Er brauchte offensichtlich dieses allgewaltige Vaterbild, weil es Stimulans für sein kreatives Schaffen war und zugleich, in welchen Substitutionen und Situationen auch immer, Material für seine Dichtung lieferte. So wollte er beispielsweise die Helden der drei Geschichten »Das Urteil«, »Der Heizer« und »Die Verwandlung« unter dem Obertitel »Die Söhne« gemeinsam veröffentlicht sehen – Söhne, die beim Übergang von der Familie in die Gesellschaft scheitern. Insofern braucht dieser Vatergoliath, dieses »Vatermonster«, nicht der Realität des Vaters zu entsprechen. Der übermächtige Vater ist auch und vor allem Gestalt einer innerseelischen Realität, die sich mit der faktischen Gegebenheit »Vater« nicht decken muß. Darauf hat u. a. der Kafka-Biograph Klaus Wagenbach (1995, 1997) hingewiesen. Es wird aber jetzt sehr viel klarer, weshalb der Dichter ausgerechnet sein Lustschloß am Platz des familiären Gefängnisses errichten will, weshalb er im Brief an Milena vom 31. Juli 1920 – acht Jahre nach dem »Urteil«, vier Jahre vor dem Tod und als 37jähriger Sohn eines bald 70jährigen Vaters – sein »Wohnen bei den Eltern« definiert als »Das Rütteln der Fliege an der Leimrute«. Dieses Bild kehrt im Schlußkapitel des Prozeßromans wieder, als Josef K. zur Hinrichtung abgeholt wird und hilflos zwischen den zwei schwarzen Herren hängt: »Ihm fielen die Fliegen ein, die mit zerreißenden Beinchen von der Leimrute wegstrebten.« Der Flug, die Flucht, die das Schreiben ermöglicht, setzt das Kleben an der Leimrute voraus, und so steckt die Person Franz Kafka in einer unerbittlichen Sackgasse. Gab es andere Auswege? In einem Brief an Max Brod schreibt er: »Manchmal scheint es mir, Gehirn und Lunge hätten sich ohne mein Wissen verständigt. ›So geht es nicht weiter‹, hat das Gehirn gesagt, und nach fünf Jahren hat sich die Lunge bereit erklärt zu helfen.« Was war geschehen? Gefangen im familiären Gefängnis, das, wie wir gesehen haben, ein exogames Verhalten, eine Überführung der Verlobungen in Heirat verunmöglichte, war er in eine immer tiefere depressive Verstimmung geraten. Zwei Tage bevor er »nach langem Ringen und Leiden« (Beck 1985) endgültig die zweite Verlobung mit Felice Bauer löste, hatte er einen Blutsturz. Spontan fühlte er sich nach dieser Lungenblutung erleichtert und konnte sich jetzt endgültig lösen. Mit v. Weizsäcker (1947) können wir hier sagen, daß es das »Leibgeschehen des Kranken war«, dem »eine gestaltende, ja ordnende Fähigkeit« zukam. Im Selbstverständnis des Dichters handelt es sich bei seiner Lungen- und Kehlkopftuberkulose um eine Psychosomatose. Sie brachte eine Lösung – eine Lösung indessen mit großen Fragezeichen. Sie entband vor der Qual und Angst heiraten zu müssen, legitimierte eine regressive Rückwendung in die Familie und führte nach wenigen Jahren zum frühen Tod.

Literatur

Beck, D. (1985): Krankheit als Selbstheilung. Suhrkamp, Frankfurt am Main.

Bräutigam, W. (1975): Anthropologie der Neurose. In: Gadamer, H.-G. u. P. Vogler (Hg.): Neue Anthropologie, Bd. 6: Philosophische Anthropologie. dtv, München.

Brod, M. (1954): Franz Kafka, eine Biographie. In: Brod, M. (1974): Über Franz Kafka. Fischer, Frankfurt am Main.

Fthenakis, W. E. (1985): Väter. Bd. I, 1. Zur Psychologie der Vater-Kind-Beziehung. Urban & Schwarzenberg, München.

Gondek, H. D. u. P. Widmer (1994): Ethik und Psychoanalyse. Fischer, Frankfurt am Main.

Grieser, J. (1998): Der phantasierte Vater. edition diskord, Tübingen.

Hierdeis, H. (Hg., 1997): »Lieber Franz! Mein lieber Sohn!« – Antworten auf Franz Kafkas »Brief an den Vater«. Passagen Verlag, Wien.

Israël, L. (1986): Bitte und Wunsch. Riss – Zeitschrift für Psychoanalyse. 1, 3–23.

Kafka, F. (1950–1974): Gesammelte Werke. Fischer, Frankfurt am Main.

Kafka, F. (1982 ff.): Schriften, Tagebücher, Briefe. Kritische Ausgabe. Fischer, Frankfurt am Main.

Kafka, F. (1967): Briefe an Felice und andere. Korrespondenz aus der Verlobungszeit. Fischer, Frankfurt am Main.

Knobloch, H.-J. (1994): »Als stünde ich vor einer abgesperrten Tür.« – Franz Kafka und Felice Bauer. Südwestfunk-Manuskript einer Sendung vom 29. 05. 1994.

Lacan, J. (1966): Écrits. Éd. du Seuil, Paris. Dt.: Schriften II (Artikel: »Über eine Frage, die jeder möglichen Behandlung der Psychose vorausgeht.«). Walter, Olten 1975.

Lacan, J. (1986): Le séminaire de Jacques Lacan. Livre VII. L'éthique de la psychanalyse (1959–1960), texte établi par J.-A. Miller. Éd. du Seuil, Paris.

Lang, H. (1978a): Die strukturale Triade – struktural-analytische Untersuchungen zur familiären Tiefenstruktur bei Schizophrenen. Habilitationsschrift, Universität Heidelberg.

Lang, H. (1978b): Psychiatrische Perspektiven zur Frage nach dem Vater. In: Tellenbach, H. (Hg.): Das Vaterbild im Abendland I. Kohlhammer, Stuttgart.

Lang, H. (1985a): Struktural-analytische Überlegungen zur Psychotherapie Schizophrener. Nervenarzt 56, 472–478.

Lang, H. (1985b): Therapeutische Konsequenzen eines struktural-analytischen Ansatzes in der Psychopathologie. In: Janzarik, W. (Hg.): Psychopathologie und Praxis. Enke, Stuttgart.

Lang, H. (1992a): Die Konzeption des »Vaters« bei S. Freud. In: Seifert, E. (Hg.): Perversion der Philosophie. Lacan und das unmögliche Erbe des Vaters. Tiamat, Berlin.

Lang, H. (1992b): Die »strukturale Triade« – Überlegungen zur Neubewertung des Ödipuskomplexes. In: Prax Psychother Psychosom 37, 207–215.

Lang, H. (1995): Das Konzept der »strukturalen Triade«. In: Buchheim, P., M. Cierpka, Th. Seifert (Hg.): Konflikte in der Triade – Spielregeln in der Psychotherapie – Weiterbildungsforschung und Evaluation. Lindauer Texte. Springer, Berlin, Heidelberg, New York.

Lang, H. (1996a): Neuere Überlegungen zur Struktur des Ödipus-Komplexes in Neurose, Psychose und Perversion. In: Weiß, H., H. Lang (Hg.): Psychoanalyse heute und vor 70 Jahren. edition diskord, Tübingen.

Lang, H. (1996b): Im Anfang sind es drei – der Ödipuskomplex und das Konzept der »strukturalen Triade«. In: Kretz, H. (Hg.): Lebendige Psychohygiene. Eberhard, München.

Lang, H. (1999a): Strukturale Psychoanalyse (Gesammelte Aufsätze). Suhrkamp, Frankfurt am Main (im Druck).

Lang, H. (1999b): Das Gespräch als Therapie (Gesammelte Aufsätze). Suhrkamp, Frankfurt am Main (im Druck).

Lorenzer, A. (1972): Zur Begründung einer materialistischen Sozialisationstheorie. Suhrkamp, Frankfurt am Main.

v. Matt, P. (1995): Verkommene Söhne, mißratene Töchter. Familiendesaster in der Literatur. Hanser, München.

Schmidbauer, W. (1997): Brief an Franz Kafka. In: Hierdeis, H. (Hg.): »Lieber Franz! Mein lieber Sohn!« – Antworten auf Franz Kafkas »Brief an den Vater«. Passagen Verlag, Wien.

Segal, H. (1991): Traum, Phantasie und Kunst. Klett-Cotta, Stuttgart 1996.

Wagenbach, K. (1995): Kafka. 30. Aufl. Rowohlt, Reinbek bei Hamburg; ebenfalls Wagenbach, K.: Kafkas Vater – Rundfunk-Vortrag 1997.

v. Weizsäcker, V. (1947): Körpergeschehen und Neurose. Klett, Stuttgart.

Helen Schoenhals

Die Verwendung psychoanalytischer Theorie als psychotische Abwehrorganisation

Der Patient, von dem ich Ihnen heute berichten werde, hat bereits in einer meiner früheren Arbeiten im Zentrum meines Interesses gestanden. Damals (Schoenhals 1995) habe ich die strukturellen Veränderungen des psychischen Raums untersucht, die sich im Verlauf der Behandlung ergeben haben. Diesmal will ich mich auf den Aspekt der pathologischen Spaltung, die Verwendung psychoanalytischer Theorie als deren Untermauerung und die Folgen für die ödipale Situation und die Fähigkeit zum symbolischen Denken konzentrieren.

Was ist eine pathologische Spaltung? Melanie Klein vertritt die These, daß eine natürliche primäre Spaltung zwischen einem guten befriedigenden Partialobjekt und einem bösen frustrierenden Partialobjekt besteht, die sich in der paranoid-schizoiden Position bildet und ein normales und notwendiges Phänomen in der Entwicklung ist (Klein 1946). Herbert Rosenfeld beschreibt Konfusionszustände bei chronisch schizophrenen Patienten, die diese grundlegende normale Spaltung nicht zustande bringen können. Die frustrierenden und negativen Erfahrungen mit dem Primärobjekt, die zum Teil Folge von Neid und Projektion sind, überwiegen so sehr, daß es ihnen nicht möglich ist, überhaupt eine eindeutig gute Erfahrung zu machen. Die einzige Lösungsmöglichkeit für sie besteht darin, einen willkürlichen Spaltungsvorgang so weit voranzutreiben, bis schließlich irgendeine gute Erfahrung abgespalten und isoliert werden kann. Diese Insel einer guten Erfahrung ist jedoch prekär und leicht wieder zunichte gemacht durch die überwältigende Präsenz böser Erfahrungen. Deshalb muß der Spaltungsvorgang immer weiter fortgesetzt werden, bis schließlich, in manchen Fällen, eine schwere Desintegration des Ichs daraus hervorgehen kann (Rosenfeld 1950).

Was heute als pathologische Spaltung bezeichnet wird, ist jene willkürliche Spaltung, die an die Stelle der normalen primären Spaltung in der paranoid-schizoiden Position tritt.

Ronald Britton geht auf die Entstehung der pathologischen Spaltung noch näher ein (Britton 1993). Seine These ist, daß die pathologische Spaltung, die als Ersatz für die normale Spaltung entsteht, an einer falschen Trennlinie zwei mütterliche Funktionen auseinanderhält. Es könnte z. B. eine Spaltung zwischen der fütternden und der wickelnden Funktion entstehen, so daß die Mutter, die zu essen gibt, böse und giftig ist, während die Mutter, die das Baby wickelt, gut und angenehm ist; oder auch umgekehrt: die fütternde Mutter ist gut, die sauber machende Mutter schlecht. Sehr häufig findet eine Spaltung zwischen der Funktion der körperlichen Kontaktaufnahme und der Funktion des kognitiven Bezuges statt, d. h. zwischen einem Objekt, das einen nonverbalen, berührenden, emotionalen Kontakt, und einem Objekt, das einen verbalen und intellektuell betonten Bezug herstellt. Die eine Funktion – so Britton – wird positiv erlebt, die andere verfolgend. Die eine mütterliche Funktion wird dann auf ein anderes Objekt projiziert, meistens auf den Vater, um die zwei Funktionen noch konkreter auseinanderzuhalten. Es kann dann eine Konstellation entstehen, die wie ein ödipales Dreieck imponiert. Doch beim näheren Hinschauen erweist sich, daß es sich um zwei absolut getrennte Bereiche handelt, den mütterlichen und den väterlichen, die gar keine Beziehung zueinander haben. Es ist ein Pseudodreieck, dem ein gespaltenes Primärobjekt zugrunde liegt.

Falldarstellung

Der Patient, Herr M., über den ich jetzt berichte, spaltet zwischen eben diesen zwei Funktionen, also zwischen der Funktion der emotionalen, physischen Beziehung, die er mit der Mutter einerseits, und dem intellektuellen Kontakt, den er andererseits mit ihr gehabt hat. In der Analyse nannte er diese beiden »getrennte Ebenen der

Kommunikation«. Er scheint auch die emotionale Ebene dem Bereich der Mutter, die intellektuelle, verbale Ebene dem des Vaters zuzuordnen. Die Polarisierung zwischen Gut und Böse scheint dabei nicht das Entscheidende zu sein, sondern die Aufspaltung der Ebenen. Gelingt eine Kommunikation nicht, dann gibt es immer noch einen anderen möglichen Weg des wechselseitigen Austauschs und insofern Hoffnung. In der Analyse war es viele Jahre lang so, daß Herr M., wenn er das Gefühl hatte, daß ich ihn nicht verstand, vorschlug, daß wir auf die andere Ebene überwechseln, d. h. auf die emotionale Ebene (oder aber auf die intellektuelle Ebene, je nachdem, auf welcher Ebene wir uns in dem Augenblick befanden), um zu schauen, ob wir dort Kontakt herstellen können. Er sagte, in seiner Welt sei es unmöglich, Gefühle in Worten auszudrücken. Sobald Gefühle in Worte gefaßt seien, bedeute das entweder, daß sie eine andere, verborgene Bedeutung haben oder daß die Gefühle nicht mehr da seien. Ein emotionaler »Austausch« zwischen uns finde stillschweigend statt, wenn er aufspüre und für sich analysiere, was er für meine emotionale Verwicklung halte, die in meinen Grammatikfehlern, sprachlichen Fehlleistungen, Handlungen, der Stimmlage usw. zutage trete. Auf diese Weise hatte er das Gefühl, er könnte Zugang zu meiner Realität, vor allem zu meiner unbewußten Wirklichkeit finden.

Herr M. ist – wie einigen von Ihnen bereits aufgefallen sein wird – ein Spezialist für die Theorie Jacques Lacans. Seinen Schriften nach könne ihn Lacan, so das Gefühl von Herrn M, am besten verstehen. Herr M. ist jetzt Mitte fünfzig, begabter Mathematiker, Junggeselle. Er leidet seit über zwanzig Jahren an paranoiden Wahnvorstellungen. Seit mehreren Jahren macht er bei mir eine Analyse mit drei Wochenstunden. Als Herr M. kam, hatte er gerade eine psychotische Phase hinter sich, und er sprach so kompliziert und umständlich, daß ich es schwierig fand, ihn zu verstehen. Ich blieb anfangs allzu häufig schweigsam in meinem engagierten Bemühen, klarer zu denken. Mein Schweigen wirkte sich jedoch verheerend auf seinen inneren Zustand aus. Im folgenden gebe ich ein Beispiel für den Diskurs von Herrn M., der aus ausführlichen Notizen rekonstruiert worden ist, die ich mir zu Beginn der Analyse in dem Versuch gemacht hatte, zu erfassen, was er sagte, und um nach der Sitzung vielleicht mehr Sinn daraus zu machen. Herr M. sagte:

> Vieles, was ich sage, klingt interessant, aber ich könnte nicht mit dem anderen zusammen denken, sprich: ich werde verstanden, kann aber keinen Nutzen daraus ziehen. Ich versuche, beides zu machen, aber über einen einzigen Kanal: ich versuche einerseits, etwas Verständliches zu tun, gleichzeitig einen emotionalen Kontakt herzustellen. Das ist ein Kategorienfehler. Ein normales Gespräch bewegt sich an Koordinatenachsen entlang: eine intellektuelle und eine emotionale. (Die Analytikerin fragt: Überschneiden sich die Achsen? Er »antwortet«, indem er seinen Diskurs fortsetzt.) Ich bewege mich wild in der Ebene und nicht immer parallel. Ich habe immer Angst, eine Achse könnte ausfallen und dann verliert man den anderen aus den Augen. Ich muß mich einer Metaphernsprache bedienen, um zwei Dinge zusammenzukriegen. Sonst betrachte ich alles nur von der einen Realität und dann werden Sie mich nicht verstehen. Darf ich spielen? Darf ich gewinnen? Oder muß ich, um sozial zu sein, auch verlieren? Es gibt verschiedene Realitäten. Und es gibt ein allgemein gültiges Spiel – man muß spielen, ohne die Regeln zu kennen, weil man keine Erklärung bekommt. Ich bin ein Spieler. Sie sagen, ich schiebe nur Figuren hin und her, ohne mich an die Regeln zu halten. (Die Analytikerin hatte nichts gesagt.) Der abwesende Vater steckt auch drin. Eine Auseinandersetzung mit ihm haben? Wenn er abwesend ist, dann gibt es keinen wirklichen Rivalen. Der verlorene Sohn kommt wieder, und der Vater ist froh. Der gebliebene Sohn ist enttäuscht und weiß nicht, warum er nicht die Aufmerksamkeit des Vaters behalten konnte. Die Mutter vermittelt, wer der Vater ist. Der Vater ist nicht da. Jede Aufmerksamkeit ist auf den Abwesenden gerichtet. Mein Gefühl gegenüber der Realität ist wie gegenüber dem abwesenden Vater. Ich kann meine persönliche Erfahrung nicht mitteilen, weil das in einer Zwei-Personen-Beziehung nicht möglich ist. Man ist von der Realität ausgeschlossen. Ich protestiere gegen die Realität, weil sie meine Realität ausschließt. Als Spieler bin ich wichtiger als die Spielregeln.

In dieser Situation, als ich mein Bestes tat, um ihm zu folgen, um zu denken und zu verstehen, war ich es, die Analytikerin, die schwieg und daher – für ihn – nicht da war. Das »Herumschieben der Figuren« nahm mit meinem Schweigen zu; das heißt, er projizierte meine Abwesenheit in die Vaterfigur, die Figur des verlorenen Sohnes, die Figur seiner selbst als jemand, der von der Realität ausgeschlossen (abwesend) war und schließlich die Figur der Realität selbst, die von ihm ausgeschlossen (abgelehnt) wurde, von ihm, der die »Realität« zu bloßen »Spielregeln« erklärte. Je mehr ich schwieg, desto mehr projizierte er und »bewegte sich wild in der gesamten Ebene«, und indem er das tat, verlor er mich aus den Augen. In seinem verzweifelten Versuch, sich selbst zu retten, hatte er mich verloren.

Ich war nicht imstande, weiterhin so ausführliche Notizen in dieser Stunde zu machen, wahrscheinlich, weil es mir nötig schien, aktiver meine Präsenz geltend zu machen und mich auf die Suche nach Kontakt zu ihm einzulassen. Ich weiß daher nicht mehr, was danach folgte. Es ist aber in solchen Situationen oft so gewesen, daß Herr M. in seiner Verzweiflung und Angst ankündigte: »Also gut, dann lassen Sie uns auf die andere Ebene überwechseln und sehen, ob wir dort in Kontakt kommen.«

In den ersten Jahren der Analyse war der Spaltungsvorgang manchmal so ausgeprägt, daß Herr M. in einen sehr ernsten Zustand geistiger Fragmentierung geriet. Er konnte nicht außer Haus gehen, und es war deshalb außerordentlich schwierig für ihn, einigermaßen adäquat zu funktionieren, damit er zu seinen Stunden kommen konnte. Er mußte aufpassen, daß seine rechte Schulter mitkam, daß sein linker Fuß nicht verlorenging, daß sein Körper zusammenhielt. Wenn sein paranoider Wahn in den Vordergrund trat, fühlte er sich manipuliert, hörte geheime, für ihn bestimmte Botschaften in den Ansagen von Flugpiloten oder Straßenbahnfahrern, und er hatte das Gefühl, daß Leute in seiner Sprache über ihn redeten und ihn dabei ausschlossen. Er fühlte sich klein und glaubte, andere machten sich lustig über ihn. Er war dann in der Lage, diese schwierige Situation dadurch zu handhaben, daß er in allwissender Manier alles herausfand: eine Gruppe Erwachsener spielte in Wirklichkeit ein Spiel, um ihm insgeheim eine Lektion zu erteilen. Jeder wandte Tricks an, um voranzukommen, zu gewinnen, ihn zu verhöhnen und der Lächerlichkeit preiszugeben. Er wisse genau, was vor sich ginge, weil er seine eigenen Tricks habe. Er könne alles herauskriegen, indem er z. B. das, was die Leute sagten, in eine andere Sprache und dann ins Deutsche rückübersetzte und auf diese Weise die bedeutungsvollen Unstimmigkeiten auffielen. Als ein Psychiater ihm das Medikament Haloperidol gab – das war in der Zeit vor der Analyse –, übersetzte er den Namen ins Französische, wo es »Halo, Père idol« heißt, und zurück ins Deutsche, dann heißt es »Hallo, Vateridol«, und beschloß, es nicht einzunehmen. Auch er beherrschte das Spiel.

Wenn das Spiel in der Analyse stattfindet – und ich denke, daß diese Vorstellung zur Zeit in der Behandlung immer noch besteht – meint Herr M., daß unsere Analyse von einem Komitee von Spezialisten gelenkt wird, die alle an einem Projekt arbeiten, unter ihnen der Leiter, der als Fachmann für Lacansche Ideen gilt. Die Arbeit dieses Komitees besteht nicht darin, eine für ihn gute Analyse zustande zu bringen, sondern vielmehr zu beweisen, und dafür dient seine Analyse als Beispiel, daß Lacans Ideen richtig sind. Da er jedoch das Spiel auch beherrscht, weiß er, mit dieser verfolgenden Situation umzugehen. Er kann auch spielen, die Regel entdecken, den »Code knacken« und genauso tun, wie es Analytiker zu tun pflegen. Schließlich ist er der Fachmann für Lacansche Ideen. Er bedient sich der analytischen Fachsprache, obwohl er den Begriffen eine ganz private Bedeutung verleiht. Er müsse allerdings aufpassen, dabei seine Analytikerin nicht allzusehr zu kränken, da sie sonst die Beziehung und die Analyse abbrechen könnte, wie früher die Mutter in seinem Erleben die Beziehung zu ihm abbrach, sobald sie ihre Realität in Frage gestellt gesehen habe. Es wird für Herrn M. also zu einer Art Wettkampf mit mir. Es handelt sich um eine Objektbeziehung, in der nur einer die Realität bestimmt, eine Realität, die die Realität des Anderen vernichtet.

Herr M. glaubt, daß ein »Narzißt«, d. h. sein Vater, das System bestimmt und beherrscht. Er meint, daß sein Vater ursprünglich ihn, den kleinsten Sohn, seiner Mutter überlassen und ihr erlaubt habe, sich zu beweisen, daß sie diesen Sohn richtig erziehen könne. Zu Beginn der Analyse hatte diese Geschichte ihre Parallele darin, daß mein Vorgesetzter, der Direktor der Abteilung für Psychotherapie an einer Universitätsklinik, diesen Patienten an mich überwiesen hatte. Mit anderen Worten, Herrn M.s Analytikerin gehorchte ihrem Vorgesetzten, wie früher seine Mutter nach den Regeln des Vaters handelte. Ich müßte also meinem Vorgesetzten beweisen, daß ich fähig bin, einen Psychotiker zu behandeln.

Es wird Herrn M. demnach ein Realitätssystem aufgezwungen, das in seinem Erleben seine eigene Realität vernichtet. Diese aufgezwungene Fremdrealität gehört dem Bereich der Sprache an. Er sagte zu Anfang der Analyse, daß er zu seiner Mutter, die übrigens im späteren Leben ebenfalls psychiatrische Behandlung brauchte, einen guten nonverbalen Kontakt gehabt habe. Er saß glücklich auf ihrem Schoß, während sie ihm zärtlich über den Kopf streichelte. Sobald aber Dinge ausgesprochen wurden, reagierte sie unvermittelt befremdlich und für ihn sehr verwirrend. Als sehr kleiner Junge hörte er seine Eltern miteinander sprechen, er konnte sie aber nicht verstehen; dennoch benahm sich seine Mutter danach so, als müsse er wissen, was eben verhandelt worden war. Obwohl ihm Vaters System aufgezwungen wurde, bekam er keine Beziehung zu diesem Vater, weil seine Mutter immer im Wege gestanden habe: »Dein Vater möchte, daß du soundso bist oder das und das tust.« Aber auch das Verhalten seines Vaters war ihm sehr befremdlich. Als er zum ersten Mal Stimmen hörte, brachte ihn sein Vater zum HNO-Arzt. Daher halfen ihm weder Vater noch Mutter zu lernen, wie man kommuniziert, und keiner von beiden half ihm, einen Anschluß an die soziale Realität herzustellen. Oft sagte er verzweifelt: »Ich brauche einen Spiegel«, oder auch: »Ich habe keine Sprache.«

Normalerweise ist es die gemeinsame Sprache zwischen den Eltern, die eine wichtige Verbindung im ödipalen Dreieck herstellt. Die elterliche Verbindung im Inneren der Mutter ist es auch, die es ihr erlaubt, für ihr Baby ein bergendes, d. h. containing Objekt zu sein, indem sie für sinnvolle Kommunikation sorgt. Danach ist Herr M. immer noch auf der Suche. Er ist stets bemüht – in seinen Worten –, »zwei Dinge zusammenzubringen, um selbst ganz zu werden«. Ich denke, daß er versucht, Mutter und Vater zusammenzubringen, damit er seine eigene Position in einem echten ödipalen Dreieck einnehmen kann. Doch gelingt ihm dieser Schritt nicht, weil die innere Vorstellung der elterlichen Objekte auf einer pathologischen Spaltung beruht, die einer Vereinigung absolut entgegensteht. Eine Spaltung ist eine Spaltung; ihr Zweck ist, eine Integration zu verhindern. Über einige seiner Anstrengungen aus den letzten Monaten, eine ödipale Konstellation trotz solcher großen Schwierigkeiten herzustellen, möchte ich nun berichten.

Als ich eine Arbeit über seine Behandlung veröffentlichen wollte, bat ich Herrn M. um Erlaubnis. Er willigte sofort ein, wollte die Arbeit allerdings lesen. Seine erste Reaktion war euphorische Begeisterung: »Frau Schoenhals ist ein exzellenter Ghostwriter.« Nach einigen Tagen wurde ihm aber langsam schmerzlich bewußt, daß ich meine eigenen Ideen hatte und daß der Artikel nicht für ihn, sondern für meine Kollegen geschrieben war. Er schloß daraus, die Arbeit habe in Wirklichkeit nichts mit ihm zu tun. Die von mir zitierten Analytiker – z. T. meine Lehrer und Supervisoren – kenne er nicht. Er habe im Gegenteil gar keinen Bezug zu ihnen. Sie stünden nicht in seinem Bücherregal, und in den nächsten Jahren würde er weder Zeit noch Gelegenheit haben, sie zu besorgen.

Einige Monate nach der Veröffentlichung ereignete sich folgende Sequenz. In einer Freitagsstunde begann Herr M. damit, daß ich bitte Geduld mit ihm haben solle, da er viel berichten möchte. Dann begann er in seiner gewohnten Art und Weise, mir einen langen Vortrag über seine Gedanken zu dem Material aus der letzten Stunde zu halten. Er fing an: »Also sind wir uns einig, daß wir an einer wichtigen Stelle sind.« Ich beschäftigte mich innerlich mit seiner üblichen Verwendung des Wortes »Wir«, und dachte, daß er damit bestimmt nicht ihn und mich meinte. Er redete über die Brust, die ihm gehöre, und über andere uns sonst bekannten Themen, bis er schließlich mir nochmal die Geschichte mit den Kamelen erzählte. Eine Erbe von 39 Kamelen konnte nicht gerecht auf die Erben verteilt werden. Es ging nicht auf. Also kam ein Richter – aus Lacan'scher Sicht der Analytiker – auf seinem Kamel reitend hinzu, um die Sache in die Hand zu nehmen. Er stieg von seinem Kamel, zählte die Kamele durch und verteilte sie gerecht. Da er sein eigenes Kamel mitzählte, ging die Verteilung mit 40 Kamelen glatt aus. Dann stieg er auf sein Kamel und ritt wieder davon. Diese Funktion, dieses Gesetz, brauche man, erklärte mir Herr M. Ich sagte, er habe vielleicht recht, mir aber komme der Richter/Analytiker ziemlich teilnahmslos und sogar emotional ahnungslos vor, und in der Geschichte fehle jede Spur von Traurigkeit, von Trauer und Verlustgefühl. Daraufhin meinte er, daß er einen wirklichen Vater brauche. Ich stimmte ihm zu und ergänzte: »Und einen Analytiker, der wirklich denken kann.« Ich holte nun etwas aus und thematisierte das »Wir« in seinem Vortrag von vorhin. Ich hätte nicht den Eindruck, daß er mich und sich damit meinte. Er sagte: »Aber *Sie* können sich dagegen wehren. So redete meine Mutter immer mit mir, aber ich konnte mich als kleines Kind nicht wehren – und ich kann mich immer noch nicht dagegen wehren. Der Vater fehlt.« Ich sagte: »Wenn ich mich wehren kann, ist ein Vater doch da.« Er: »Aber nicht *in mir*. Ich habe ihn nicht in mir, den, der kommt und sagt: ›Du bist mit dem ‚Wir' nicht gemeint.‹«

In der Montagsstunde fing Herr M. nicht wie sonst mit dem »Wir« an, sondern sagte: »Sie haben letztes Mal von Ihrer Trauer über Ihren verstorbenen Supervisor geredet.« Ich dachte, daß er anscheinend davon ausginge, daß es mein innerer, inzwischen real verstorbener Supervisor war, der mir half, zu verstehen, daß ich mit seinem »Wir« nicht gemeint war. Er erklärte mir nun, daß er sich nach der Stunde am Freitag verstiegen habe. Sobald er aus der Tür heraus war, dachte er: »Ich kann auch einen Supervisor haben. Ich kann mich mit Lacan zusammen tun und mit ihm reden.« In dem Moment aber erschrak er zutiefst, denn Lacan war plötzlich ein kleines Baby, das schrie. Er schrie so laut und es war so real, daß Herr M. um sich schaute, ob auch andere ihn hören könnten. Endlich zu Hause angekommen, versuchte er, sich zu beruhigen, und schaute im Fernsehen einen Film über Eisbären an. Im Film kümmerte sich die Eisbär-Mutter nicht um das Eisbär-Baby, das im Schnee herumspielte, obwohl sie es nicht ins Wasser fallen ließ. Nach einer Weile wurde es ihr es zu langweilig, und sie ging in ihre Höhle zurück. Das Eisbär-Baby verstieg sich, d. h. es kletterte zu hoch auf einen Hügel hinauf und konnte wegen des Glatteises nicht wieder herunterkommen. Es schrie und schrie, aber erst nach einer langen Zeit kam ihm die Eisbär-Mutter aus der Höhle endlich zu Hilfe. Sie tat dann etwas Überraschendes. Sie stellte sich mit ihren vier Beinen *über* das Eisbär-Baby und stand einfach da. Jedenfalls sah es so aus, als ob sie da nur bewegungslos stand. Aber dann konnte man sehen, daß sie sich *millimeterweise* den Hügel hinunter in Richtung Höhle bewegte. Das Eisbär-Baby fiel dauernd hin und taumelte immer wieder gegen ihre Beine, aber es war durch den Raum, den sie ihm bot, geschützt.

So einen Raum brauche er, sagte Herr M. dann, und er fing an – so schien es mir –, in einen Vortrag einzusteigen. Ich unterbrach ihn: »Ihr Vortrag könnte nun so platzgreifend werden, daß kein Raum mehr da ist, wo ich Sie vielleicht verstehen und Ihnen helfen könnte.« Ich redete dann über die Gefühle, die er nach der letzten Stunde hatte. Er habe gemeint, ich trauerte meinem Supervisor nach. Bei ihm sei aber keine Trauer gewesen. Er habe vor lauter Verzweiflung schreien müssen, und keiner war da, der ihn verstand. Dem stimmte er bewegt zu.

Er redete dann darüber, wie schrecklich es »da draußen« sei, wo es nur diese schreckliche »Mutter« gebe, die so viel Platz beanspruchte und keinen Raum für ihn ließ. Lacan biete ihm davor Schutz. Wie die Eisbär-Mutter kümmere er sich nicht, aber biete ihm dennoch Schutz. Die Spaltung zwischen hier drinnen und da draußen sei dringend notwendig, meinte er zum Schluß.

In der darauffolgenden Stunde am Mittwoch teilte er mir mit, daß er sich in letzter Zeit bei mir besser aufgehoben fühle. Obwohl ich nur wenige Sätze aus dieser Stunde protokolliert habe, kann ich daraus entnehmen, daß es nach meinem Empfinden eine gute Verständigung zwischen uns gab und daß ich ihm zum Schluß deutete, daß das Baby in ihm sich schreiend gegen die verstiegene narzißtische Lösung gewehrt habe, die er mit Hilfe von Lacan und der Sprache zu finden versuche. Ich sagte auch, daß ich mich über das Wochenende auch nicht um ihn gekümmert hätte – wie die Eisbär-Mutter – und daß es in der Analyse bei mir auch um eine millimeterweise Arbeit ginge, um den Hügel langsam herunterzukommen.

Am darauffolgenden Freitag begann er sehr aufgeregt: »Ich brauche einen Supervisor«, und er erzählte eine lange, sehr verwirrende Geschichte über ein 12jähriges Mädchen, das von ihrem Vater mißbraucht wurde, sich aber als erwachsene Frau weigere, in Therapie zu gehen. Ich sagte, ich glaubte, daß er sich von mir mißbraucht fühle. Sehr aufgeregt stimmte er zu und packte aus (für ihn *sehr* ungewöhnlich). Ich hätte mich über ihn lustig gemacht und so geredet, als ob Lacan in die gleiche Rubrik wie C. G. Jung gehöre, den er überhaupt nicht leiden könne. Dann brachte er viel Material über Freud, Freud begraben, und über Creon und Antigone und über manches mehr, was ich alles für sicherlich relevant hielt, aber leider nicht verstand. Deshalb unterbrach ich ihn, indem ich ihm genau das sagte. Fast schreiend meinte er dann: »Es geht ums Trauernkönnen. Das kann *ich* nicht. Das können *Sie*.« Ich sagte: »Das Mädchen geht nicht in Therapie, sagten Sie, weil sie das Gefühl hat, der Therapeut ist normal und gesund. Und ich denke, Sie sagen mir, daß Sie es bei mir schlecht aushalten können, gerade wenn ich ›normal‹, d. h. etwas dumm und nicht-wissend sein kann.« Er: »Ja, das stimmt. Das ist auch über einen Verlust trauern können, ja. Es macht mich *wütend*! Letzte Woche war Lacan wütend. *Deshalb* hatte er so schmerzhaft geschrien. Ja, und das Schreien ist auch Trauer.« Ich sprach dann an, daß es jetzt das Ende der Stunde und der Woche sei. Er: »Und ich gehe hier auch wieder hochmütig heraus und nehme mir eine Frau Schoenhals oder einen Lacan zu Hilfe. Aber *Sie* sind dann tot!« Ich: »Ich bin dann *nicht da*.« Er: »Ja, aber ich kann das nicht. Sie zeigen mir, Sie haben Hoffnung, aber ... Es geht nicht so schnell.« Ich: »Nein, es geht nur in ganz kleinen Schritten, millimeterweise den Hügel hinunter.« Er: »Ja, und wichtig ist, es geht *ohne Sprache*!«

Indem ich seine narzißtische Abwehr in Frage gestellt und mich als das unaufmerksame, aber schützende Eisbär-Objekt gedeutet hatte, hatte ich seine projektive Identifizierung und seine Spaltungsmechanismen unterhöhlt. Er fühlte sich daraufhin erniedrigt und sehr wütend und war sogar in der Lage, diese Gefühle mir gegenüber zum Ausdruck zu bringen. In diesem Moment waren die pathologischen Spaltungen zwischen der emotionalen und der intellektuellen Ebene oder zwischen »hier drinnen und da draußen« nicht mehr wirksam. Die Tatsache, daß ich in der Lage war, mit ihm auf sinnvolle Weise über seine *Gefühle* zu *sprechen*, hob die Spaltung auf. Ich war mir nicht sicher, wie ich seine Bemerkung am Ende der Stunde auffassen sollte, der Fortschritt bergab und weg von seiner narzißtischen Abwehr sei »ohne Sprache« möglich. Vielleicht meinte er es als Ausdruck seiner Verwunderung darüber, daß es keine aufgenötigte Sprache im Sinne Lacans sei, die es ihm ermöglichte, etwas zu fühlen, darüber nachzudenken und seine Gefühle zum Ausdruck zu bringen. Wahrscheinlicher ist aber, daß er die schützende Spaltung zwischen der verbalen und der nonverbalen Ebene wiederherstellte.

Diskussion

Um verstehen zu können, wie Herr M. dachte, ist es wichtig, einen Blick auf die Lacan'sche Theorie zu werfen, der er sich so verbunden fühlte. Ich erhebe jedoch nicht den Anspruch, eine Zusammenfassung oder eine Kritik der Ideen Lacans vortragen zu wollen, möchte dennoch kurz ein paar seiner Grundgedanken darstellen, damit deutlicher wird, wie mein Patient sie verwendet, um seine abwehrende Spaltung zu untermauern.

Nach Lacan gibt es ein primitives »Spiegelstadium« in der Entwicklung, das zu einer »imaginären Ordnung« gehört, in der das Baby sich in einem Spiegelbild reflektiert sieht, das ihm ein falsches Gefühl der Integration und seiner Fähigkeiten vermittelt. Es strebt danach, in einem omnipotenten »Anderen« aufzugehen, der in Wirklichkeit seine eigene Projektion ist, und stößt statt dessen auf die Realität seines eigenen fragmentierten Zustandes und auf das, was Lacan den »Mangel« nennt. Seine Tendenz, am Spiegelbild und dem omnipotenten »Anderen« festzuhalten und seinen eigenen Mangel zu leugnen, verhindert den Spracherwerb und die soziale Integration. Das Spiegel-Stadium und die imaginäre Ordnung scheinen dem Bereich der primitiven Mutter anzugehören, wogegen die symbolische Ordnung und die organisierende Instanz der Sprache die

Domäne des Vaters sind. Im »Namen des Vaters« und der Sprache wird der soziale Bezug hergestellt, und man entkommt so der Falle eines wahnhaften Festhaltens an der imaginären Ordnung.

Lacans Theorie paßt zu der pathologischen Spaltung von Herrn M. in dem Sinne, daß es zwei »Ordnungen« gibt – die »imaginäre« und die »symbolische« – die sich in vielem mit Herrn M.s nonverbaler (emotionaler) und verbaler (intellektueller) Ebene decken. Beide Ebenen von Herrn M. stehen auch jeweils mit der Domäne der Mutter und der des Vaters in Verbindung, ähnlich wie in Lacans Theorie. Sprache kennzeichnet nach Lacan eher das väterliche Aufdrängen eines Gesetzes, das die *folie à deux* mit der Mutter unterbricht, als die gemeinsame Kommunikation zwischen den Eltern. Seine Theorie fügt sich daher gut in die Überzeugung von Herrn M., daß seine Eltern nicht wirklich miteinander kommuniziert haben. Mit anderen Worten, Lacans Theorie, so wie mein Patient sie versteht, scheint besonders geeignet, die pathologische Spaltung von Herrn M. zu bestätigen.

Herr M. ist bei einer Analytikerin in Behandlung, die in erster Linie von einer kleinianischen Perspektive her arbeitet, und er weiß, daß sie keine Lacanianerin ist. In solchen Momenten, in denen Herr M. fragt, ob er »gewinnen kann« und die Analyse zum Schauplatz eines existentiellen Konkurrenzkampfes wird, dann ist er, als Spezialist für die Ideen Lacans, immer der Sieger. Dennoch – wird die Analyse zu Ende geführt, stellt sich als Hauptmotivation von Herrn M. nicht der Wunsch heraus, zu konkurrieren, sondern etwas zu lernen, wovon er fühlt, daß seine Analytikerin es tun kann und er nicht. Und im übrigen gibt es viele Bereiche, in denen die Perspektive seiner Analytikerin nicht so sehr von der von ihm übernommenen Lacanschen Perspektive abweicht. Bei allem gebührenden Respekt vor Lacans Kritik an Kleins Theorie (Lacan 1954) hat seine eigene Theorie doch viele Gemeinsamkeiten mit kleinianischen Ideen, besonders dort, wo sie von Bion weiterentwickelt worden sind. Ebenso wie für Bion zum Beispiel die Fähigkeit, symbolisch zu denken, von der Fähigkeit des Babys abhängig ist, die abwesende Brust (im Gegensatz zur konkreten Anwesenheit einer »Nicht-

Brust«) zu erleben, so postuliert Lacan in ähnlicher Weise die Erfahrung des »Mangels« als Voraussetzung für symbolische Denkvorgänge.

Der Bereich, in dem die beiden Theorien voneinander abweichen, ist genau der, mit dem zurechtzukommen sich meiner Meinung nach Herr M. so sehr abmüht. Aus kleinianischer Perspektive entspricht sein Versuch, »zwei Dinge zusammenzubringen«, der Aufgabe in der depressiven Position, die gespaltenen Objekte in ein ganzes Objekt zu integrieren und seine Mängel anzunehmen und zu verzeihen. Lacan ist jedoch sehr skeptisch, was die Versöhnung mit dem Objekt angeht. Eine solche Versöhnung würde Verdacht erregen und für irgendeine Art der Wiederherstellung des illusionären Objekts gehalten werden, das der imaginären Ordnung zuzurechnen ist (Benvenuto und Kennedy 1996). Er betont die Unterscheidung der Ordnungen (Lacan 1955).

Die Divergenz der beiden Denkansätze tritt also in ihren jeweiligen Theorien über die ödipale Situation zutage. Nach kleinianischer Auffassung wird die ödipale Situation in der depressiven Position hergestellt, sobald Spaltung nicht mehr notwendig ist und Partialobjekte in ganze Objekte integriert worden sind, die miteinander in Beziehung treten. Sprache ist dann die gemeinsame Kommunikation zwischen jenen ganzen Objekten, ein Austausch, dessen Zeuge das Kind wird. Nach Lacanschem Verständnis ist die ödipale Situation dadurch gekennzeichnet, daß der Vater – d. h. die väterliche symbolische Funktion – das Gesetz, insbesondere das strukturierende Gesetz des Sprachsystems, erläßt und damit die Erkenntnis eines Mangels einführt: nämlich daß die Mutter keinen Phallus hat und daß das Kind nicht ihr Phallus sein kann. Worte repräsentieren etwas, weisen aber zugleich darauf hin, daß eben dieses Etwas in der Repräsentanz selbst abwesend ist. Das ist der Mangel, der für die Symbolisierung notwendig ist.

Nach kleinianischem Verständnis ist daher die Sprache als eine ödipale Verbindung zwischen ganzen elterlichen Objekten wichtig. Nach Lacanscher Auffassung ist die Sprache die väterliche symbolische Funktion, die zuerst das Gesetz erläßt. Der Vater wird dann zu einer humaneren, verzeihenden und weniger furchteinflößenden Gestalt in der Auflösungsphase der ödipalen Situation, mithin eine Gestalt, die einer verzeihenden Elternfigur in der depressiven Position der kleinianischen Theorie entsprechen würde. In seinen späteren Schriften aus den siebziger Jahren unterstreicht Lacan in seinem integrativen Konzept vom Borromäischen Knoten demgegenüber Verbindungen zwischen der symbolischen, der imaginären und der *realen* Ordnung (letztere ein komplizierter Begriff, der aber in etwa dem entspricht, was nicht symbolisiert werden kann). Diese drei Ordnungen müssen voneinander unterschieden, aber auch miteinander verknüpft werden, denn wenn sie nicht miteinander verbunden sind, sind konkretes Denken und psychotische Störungen die Folge.[1] In seinen späteren Jahren ist er daher mit den integrativen Verbindungen zwischen den drei Ordnungen beschäftigt, die er bis dahin immer sorgfältig als scharf voneinander verschieden beschrieben hatte. Er rückt auch mehr und mehr davon ab, das Symbolische spezifisch mit Väterlichkeit in Verbindung zu bringen (Thurston 1995, 140).

Es wäre interessant zu untersuchen, ob Lacans spätere Beschäftigung mit den Verbindungen des Borromäischen Knotens ein alternatives Integrationsmodell zur Integration gespaltener Objekte in der depressiven Position der kleinianischen Theorie darstellt. Einen solchen Gedanken aber detaillierter zu untersuchen, würde den Rahmen dieses Vortrags überschreiten. Ich will Lacans Theorie in dieser Arbeit nicht kritisieren, möchte aber einfach darauf hinweisen, wie sie von meinem Patienten zur Bestätigung seiner pathologischen Spaltung verwendet wurde.

Die Schwierigkeit in der Behandlung dieses Patienten ist die Hartnäckigkeit der Spaltung. Die natürliche Spaltung zwischen guten und bösen Partialobjekten in der paranoid-schizoiden Position kann integriert werden, die pathologische Spaltung ist sehr viel rigider, sie ist als Notmaßnahme existentiell unabdingbar und daher für einen integrativen Prozeß schwer zugänglich. Meiner Meinung nach gibt es kein echtes ödipales Dreieck, keine realistische Wahrnehmung der Realität und keine wirkliche Unterscheidung zwischen innen

(Phantasie) und außen und daher kein solides symbolisches Denken, wenn pathologische Spaltung vorherrscht (Schoenhals 1993). Herr M. kann nicht »zwei Dinge zusammenbringen«, kann die pathologische Spaltung nicht integrieren. Zwar hat eine gewisse minimale Integration stattgefunden, aber, wie das hier vorgetragene klinische Material zeigt, es ist ein sehr langsamer Prozeß über viele, viele Jahre gewesen, der so langsam – Millimeter um Millimeter – vorangekommen ist, daß viele vielleicht sagen würden, daß wir vollkommen stillgestanden haben.

Aus dem Englischen übersetzt
von Barbara Strehlow, Hamburg

Anmerkung

[1] Vgl. Weiß & Pagel 1995, 155–156, um Lacans Borromäischen Knoten mit Hanna Segals triadischer Struktur des Symbols zu vergleichen.

Literatur

Benvenuto, B. und Kennedy, R. (1986): The Works of Jacques Lacan, an Introduction. London: Free Association Books.

Britton, R. (1993): Fundamentalismus und Idolbildung. In: J. Gutwinski-Jeggle u. J. M. Rotmann (Hg.): »Die klugen Sinne pflegend«. Psychoanalytische und kulturkritische Beiträge. Hermann Beland zu Ehren. Tübingen: edition diskord, 100–119.

Klein, M. (1946): Bemerkungen über einige schizoide Mechanismen. In: H. Thorner (Hg. u. Übersetzer): Das Seelenleben des Kleinkindes. Stuttgart: Klett Cotta 1989, 131–163. Original: Notes on some schizoid mechanisms. In: Writings of Melanie Klein III: Envy and Gratitude. London: Hogarth 1975, 1–24.

Lacan, J. (1954): Diskursanalyse und Ichanalyse; Die Topik des Imaginären. In: N. Haas (Hg.) (Übersetzung: W. Hamacher): Das Seminar von Jacques

Lacan, Buch I (1953–1954): Freuds Technische Schriften. Olten u. Freiburg i. Br.: Walter-Verlag 1978, 83–116. Original: Le Séminaire I, Paris: Les Editions du Seuil 1975.
– (1955): Die objektivierte Analyse. In: N. Haas (Hg.) (Übersetzung: H.-J. Metzger): Das Seminar von Jacques Lacan, Buch II (1954–1955): Das Ich in der Theorie Freuds und in der Technik der Psychoanalyse. Olten u. Freiburg i. Br.: Walter-Verlag 1980, 316–329. Original: Le Séminaire, Livre II. Paris: Les Editions du Seuil 1975.
Rosenfeld, R. (1950): Zur Psychopathologie von Verwirrtheitszuständen bei chronisch Schizophrenen. In: Zur Psychoanalyse psychotischer Zustände. Frankfurt: Suhrkamp 1981. Original: Note on the psychopathology of confusional states in chronic schizophrenias. Int. J. Psycho-Anal. 31: 132–137. Auch in: Psychotic States. New York: Int. Univ. Press: 1966, 52–62.
Schoenhals, H. (1993): Triangulärer Raum und Symbolisierung. In: J. Gutwinski-Jeggle, J. M. Rotmann (Hg.): »Die klugen Sinne pflegend« – Psychoanalytische und kulturkritische Beiträge. Hermann Beland zu Ehren. Tübingen: edition diskord, 191–207.
– (1995): Strukturelle Veränderungen des psychischen Raums. Eine klinische Falldarstellung. In: G. Schneider u. G. Seidler (Hg.): Internalisierung und Strukturbildung. Opladen: Westdeutscher Verlag, 219–235.
Thurston, L. (1995): Ineluctable nodalities: on the Borromean Knot. In: D. Nobus (Hg.): Key Concepts of Lacanian Psychoanalysis. London: Rebus Press, 139–163.
Weiß, H. und Pagel, G. (1995): Sprache, Gefühl und Denken oder: Wie psychische Bedeutungen entstehen – Eine Auseinandersetzung mit den Theorien W. R. Bions und J. Lacans. Jahrbuch der Psychoanalyse, Band 34: 142–178.

John Steiner

Der Kampf um Vorherrschaft in der ödipalen Situation

Psychoanalytiker legen großen Wert auf Aggression und Destruktivität, scheinen sich jedoch für Macht und Vorherrschaft nicht in gleicher Weise interessiert zu haben. Gleichwohl stehen Kämpfe um Macht und Vorherrschaft so oft am Ursprung von destruktiver Gewalt in allen Bereichen menschlicher Interaktion, daß es mir dringend notwendig erscheint, daß sie zum Gegenstand psychoanalytischer Untersuchung werden. Es ist nicht schwierig, ihre Wurzeln in der frühkindlichen Entwicklung, speziell in der Ödipussituation, zu finden. In der vorliegenden Arbeit vertrete ich die Auffassung, daß sie auf Versuchen des Individuums beruhen, aus primitiven Verfolgungszuständen herauszugelangen, in denen es sich seinem Empfinden nach – und manchmal auch tatsächlich – als Opfer von Grausamkeit und Unrecht erlebt.

An anderer Stelle habe ich zu betrachten versucht, auf welche Weise Ressentiment und der Wunsch nach Rache entstehen, wenn sich der Patient verletzt und ungerecht behandelt fühlt (Steiner 1996). Was als Forderung nach Gerechtigkeit beginnt, entflammt oft zu unersättlichem Haß, wenn andere Motive wie Neid hinzukommen, um ein Ausmaß von Haß und Rachedurst zu erzeugen, dem so lange nicht Einhalt geboten werden kann, bis alles zerstört ist. Eine solch ungehinderte Destruktivität ist so furchterregend, daß in den meisten Fällen eindämmende Kräfte mobilisiert werden, die die Objekte und das Selbst vor den zerstörerischen Wirkungen der Gewalt schützen sollen. Das Ergebnis kann dann darin bestehen, daß der Wunsch nach Rache verleugnet oder eingeschlossen und dann als Groll ausgedrückt wird. Anstatt direkt agiert zu werden, wird die Destruktivität kontrolliert und auf indirekte und oft versteckte Weise zum Ausdruck gebracht. Ich habe diese Situation mit dem Begriff des »Psychischen Rückzuges« beschrieben, den der Patient einnehmen kann und in dem er vor den Gefahren eines offenen Angriffs auf seine Objekte geschützt ist. Der Haß wird in einer komplexen Organisation gebunden, und das Gefühl von Verletzung und Unrecht bildet den Fokus von Groll. Manchmal wird in der Phantasie immer wieder über Rache nachgesonnen, mitunter jedoch wird selbst die Idee von Rachegedanken als gefährlich für das Gleichgewicht des Patienten erlebt. Nichtsdestotrotz ist der oft mit Sadismus durchtränkte, chronisch versteckte Haß extrem destruktiv und wird häufig von dem betroffenen Objekt als rachsüchtig empfunden. Da die Gewalt zurückgehalten wird, wird das Objekt verletzt, aber nicht zerstört, und es werden Vergeltungshandlungen provoziert, die den Zyklus von Verletzung und Rache am Leben erhalten.

Eine wichtige Quelle von Groll ist das Gefühl von Ungerechtigkeit, welches mit Hilflosigkeit in einem Kontext ungleicher Machtverteilung verbunden ist, in dem der Starke Autorität ausübt und der Schwache sich fügen muß. Solche Ungleichheiten begegnen typischerweise in der Ödipussituation, in der das Kind mit einer neuen Realität konfrontiert wird, die als zutiefst schockierend erlebt wird und zu einem tiefen Gefühl von Verletzung, Ungerechtigkeit und Verrat führen kann. Solche Ungleichheiten werden nicht als natürliche Konsequenz der kindlichen Bedürftigkeit empfunden, sondern als grausame Ausübung von Macht.

Die von Klein thematisierte Ödipussituation beinhaltet, was Freud unter der Überschrift der Urszene betrachtete, d. h. die sexuelle Beziehung zwischen den Eltern, wie sie vom Kind sowohl wahrgenommen als auch vorgestellt wird. Es ist die Realität dieser Beziehung, die in die Zwei-Personen-Dyade ein drittes Objekt einführt. Dies ist aus einer Reihe von Gründen traumatisch, ruft aber insbesondere deshalb Rachegefühle hervor, weil sie die Annahme einer Exklusivbeziehung zwischen Mutter und Kind zerstört, welche so oft die Basis einer früheren narzißtischen Objektbeziehung bildet. Ein Gutteil der Verletzung ist mit dem Gewahrwerden der Familienstruktur verbunden, die auf einer Ungleichheit von Macht basiert. Sie wurde vom Kind bis dahin aufgrund seines Narzißmus verleugnet. Nun werden die zwischen Erwachsenem und Kind, zwischen Mann und Frau bestehenden Unterschiede entdeckt und als ungerechter Ausdruck von Macht verübelt, anstatt sie als Tatsachen des Lebens anzuerkennen. Folglich liegt der Grund für das Ressentiment nicht in der unfairen Ausnutzung jener Macht. Vielmehr wird bereits ihr Besitz als Ungerechtigkeit empfunden.

Die größere Macht der Erwachsenen setzt das verletzliche und abhängige Kind der Möglichkeit von Ausbeutung und Mißbrauch aus. Wie wohlmeinend, gutwillig und freundlich die realen Eltern auch gewesen sind, ein Gefühl von Ungerechtigkeit ist unvermeidlich, und in den frühen Entwicklungsstadien, in denen die paranoid-schizoide Position vorherrscht, kann es extreme Ausmaße annehmen.

Freud (1924d) scheint diese paranoid-schizoide Sicht der Welt zu beschreiben, wenn er nahelegt, daß es der Wille des Vaters ist, der der Familie eine Struktur aufprägt, und zwar nicht aufgrund von Vernunft oder Überzeugung, sondern aufgrund einer auf Stärke basierenden Autorität, indem er mit Hilfe der Kastrationsdrohung Macht ausübt, um das Kind einzuschüchtern. In Freuds Version errichtet der Vater die Inzestschranke, indem er den sexuellen Zugang zur Mutter als sein alleiniges Recht beansprucht. Das Kind muß sich unterwerfen und der Ödipuskomplex ist »aufgelöst«, wenn es seinen Anspruch auf die Mutter aufgibt und in einer Identifikation mit dem Vater sexuelle Objekte außerhalb der Familie sucht.

In dieser Situation ist es die Identifikation mit dem verfolgenden Objekt, welche die Familie schützt, indem eine offene Konfrontation zwischen dem Kind und seinem Vater vermieden wird. Meiner Auffassung nach führt diese Lösung nicht zu einer Auflösung des Ödipuskomplexes, sondern zu einem Kompromiß, der bei dem Umgang mit dem tiefer liegenden Ressentiment und dem Wunsch nach Rache versagt. Tatsächlich ist der Typ Vater, der in dieser klassischen Version des Ödipuskomplexes als Identifikationsmodell dient, selbst voller Groll und übt eine tyrannische Kontrolle aus, die einen Mißbrauch des verletzlichen Kindes darstellt. Falls das Kind das Problem seines Hasses durch Identifikation löst, wird es im Gegenzug

Angst bekommen, von seinen eigenen Söhnen überwältigt zu werden, und sie mit der gleichen tyrannische Macht behandeln, wie es sein Vater mit ihm tat (Steiner 1990, 1993).

In seiner Beschreibung der Urhorde in »Totem und Tabu«, die ich als anthropologische Phantasie auffasse, schildert Freud (1912–1913a) ein primitives ödipales Szenario wie folgt:

> »Eines Tages taten sich die ausgetriebenen Brüder zusammen, erschlugen und verzehrten den Vater und machten so der Vaterhorde ein Ende. Vereint wagten sie und brachten zustande, was dem einzelnen unmöglich geblieben wäre ... Der gewalttätige Urvater war gewiß das beneidete und gefürchtete Vorbild eines jeden aus der Brüderschar gewesen. Nun setzten sie im Akte des Verzehrens die Identifizierung mit ihm durch, eigneten sich ein jeder ein Stück seiner Stärke an. Die Totemmahlzeit, vielleicht das erste Fest der Menschheit, wäre die Wiederholung und die Gedenkfeier dieser denkwürdigen, verbrecherischen Tat, mit welcher so vieles seinen Anfang nahm, die sozialen Organisationen, die sittlichen Einschränkungen und die Religion« (S. 171).

Wir sehen hier eine auf Stärke und Macht beruhende Autorität, und obwohl der Groll von Generation zu Generation weitergegeben wird, erhalten Familie und Gesellschaft eine Art von Struktur, die dem Chaos und der Unordnung ungezügelter Destruktivität möglicherweise vorgezogen wird. In dieser Version überwältigen die Söhne den Vater, befreien sich aber nicht von seinem Einfluß, weil sie sich durch den Akt des Verschlingens besitzergreifend mit ihm identifizieren.

Sogar in diesen primitiven Szenarien fehlte Schuld nicht völlig.

> »... Sie (die Söhne) haßten den Vater, der ihrem Machtbedürfnis und ihren sexuellen Ansprüchen so mächtig im Wege stand, aber sie liebten und bewunderten ihn auch. Nachdem sie ihn beseitigt, ihren Haß befriedigt und ihren Wunsch nach Identifizierung mit ihm durchgesetzt hatten, mußten sich die dabei überwältigten zärtlichen Regungen zur Geltung bringen. Es geschah in der Form der Reue, es entstand ein Schuldbewußtsein, welches hier mit der gemeinsam empfundenen Reue zusammenfällt« (S. 173).

In dieser Situation deuten Reue und Schuldbewußtsein eine Bewegung in Richtung der depressiven Position an. Freund erkennt jedoch, daß ein solches Schuldgefühl durch die Identifikation mit dem Vater eine verfolgende Qualität erlangt.

> »Der Tote wurde nun stärker, als der Lebende gewesen war ... So schufen sie aus dem *Schuldbewußtsein des Sohnes* die beiden fundamentalen Tabus des Totemismus, die eben darum mit den beiden verdrängten Wünschen des Ödipuskomplexes übereinstimmen mußten« (S. 173).

Hier dient Schuldbewußtsein nur dazu, die Verbote des nunmehr introjizierten toten Vaters zu verstärken. Freud argumentiert, daß auf diese Weise die Gesellschaft eine Struktur errichtet, die von den beiden großen, der primitiven Gesellschaft bekannten Verboten repräsentiert wird, nämlich denjenen des Vatermordes und des Inzests. Jedoch wird diese Ordnung durch die Ausübung von Macht erreicht, wobei das Gefühl von Ungerechtigkeit bestehenbleibt. Ressentiment und der Wunsch nach Rache beherrschen die Persönlichkeit, wie immer der Machtkampf auch ausgehen mag. Falls der Vater der Stärkere ist, unterwirft sich der Sohn mit Ressentiment. Wird aber der Vater besiegt, so wird der Sohn von verfolgender innerer Schuld gequält.

In diesem primitiven Machtkampf spielen Frauen keine Rolle. Sie sind nicht mehr als der Besitz eines »... gewalttätigen und eifersüchtigen Vaters, der alle Weibchen für sich behält und die heranwachsenden Söhne vertreibt« (S. 171). Sie sind der Besitz, um den der Kampf ausgefochten wird, und haben wenig zu sagen in bezug auf das, was vor sich geht. An späterer Stelle betrachtet Freud in seiner Erörterung des Ödipuskomplexes weniger primitive Familienstrukturen, in der die Brüder eine weniger bedeutende Rolle spielen und Mutter, Vater und Sohn die prototypische Situation bilden. In diesem Fall ist es die Mutter, die, mit ihrem Sohn vereint, ihm den Mut gibt, den Vater zu stürzen. Wiederum wird der Vater symbolisch verschlungen. Die Identifikation mit ihm erfolgt in einem ödipalen Triumph, der zum Besitz der Frau, diesmal der Mutter, führt. Dies ist die Situation in »König Ödipus«, wo Jokaste Ödipus' unbewußte Verbündete beim Genuß der Beute aus der Ermordung Laios' ist. In diesem Modell teilt die Mutter die infantile Position des Kindes, stimuliert aber seine Omnipotenz und unterstützt seine Illusion, daß es erwachsene sexuelle Fähigkeiten besitzt. In diesem paranoiden Szenario wird die Omnipotenz des Kindes durch eine Konfrontation mit der Realität bedroht, der es sich nur scheinbar unterwirft. Aufgrund der Identifikation setzt sich der Machtkampf in die nächste Generation hinein fort.

Heute scheinen diese Vorstellungen von der Urhorde ein wenig seltsam. Der tyrannische Vater wird als Relikt der viktorianischen Familie angesehen, in der Kinder und Frauen ausgebeutet und mißbraucht werden. Nichtsdestoweniger glaube ich, daß der Machtkampf, wie ihn Freud beschrieb, ein wichtiges organisierendes und für unsere Entwicklung zentrales Prinzip bleibt. Ich halte ihn für die verfolgende Version des Ödipuskomplexes, der auf verschiedene Weise gelöst wird, in dem aber auf Ressentiment beruhende psychische Rückzugszustände eine zentrale Rolle spielen.

Gleichzeitig ist es möglich, ein alternatives Szenario auszumachen, das parallel zum verfolgenden existiert und ebenfalls universal ist, aber eine ganz andersgeartete innere Struktur entstehen läßt. Ich betrachte dies als die depressive Lösung des Ödipuskonfliktes. Auch sie stellt den Patienten vor beträchtliche Probleme, die er bewältigen muß. Paradoxerweise entsteht sie dann, wenn der Patient fähig ist, die Stärke zur Rebellion gegen die väterliche Autorität zu finden, ohne zu einer Lösung durch Identifikation Zuflucht zu nehmen. Wenn das Kind dem Sog in Richtung Identifikation widerstehen kann, sieht es sich all jenen Ängsten gegenüber, die mit dem Gewahrwerden seiner Unterlegenheit [smallness] zusammenhängen wie auch seines Gefühls, in bezug auf die Erwachsenen ausgeschlossen zu sein. Was es gewinnt, ist ein Kontakt mit der Realität, der schmerzhaft, aber für seine Entwicklung entscheidend ist. Im Zentrum seines Schmerzes steht die Erkenntnis, daß seine Situation Haß und einen Wunsch nach Rache aufkommen läßt, der gegen beide Eltern gerichtet ist. Überdies nimmt dieser Haß schreckliche Ausmaße an, wenn zum Groll Neid auf das Elternpaar hinzukommt. Oft ist der Schmerz mit einem Gefühl von Verrat verknüpft, insbesondere dann, wenn er auf eine Phase folgt, in der die Mutter real oder in der Phantasie mit den inzestuösen Wünschen des Kindes eine Kollusion eingegangen ist. Die Erkenntnis, daß sie eine Erwachsene in einer erwachsenen Beziehung zum Vater ist, kann Anlaß für ein tiefes Gefühl von Verzweiflung sein. Der Haß, der in der verfolgenden Version gegen den tyrannischen Vater gerichtet war, wird nun gegen beide Eltern gerichtet und insbesondere gegen die Beziehung zwischen ihnen. Neid kann sich die Gefühle berechtigten Grolls zunutze machen, um den Haß noch stärker hervorzuheben. Dann wird die Destruktivität als Angriff auf alles Gute empfunden. In Handlungen oder in der Phantasie ausagiert, führt sie zu der Überzeugung, daß die ganze Welt zerstört worden ist. Erkennt das Kind in der Folge seine Bedürftigkeit nach den verlorenen Eltern, so wird es mit Gefühlen von Reue, Schuld und Verzweiflung konfrontiert. Nun ist die Schuld jedoch depressiv und kann zu Reue und einem Wunsch nach Wiedergutmachung führen. Sie entsteht aus dem gleichzeitigen Vorhandensein liebevoller und mörderischer Regungen und führt meiner Meinung nach zu dem, was Melanie Klein mit dem »Verlust des Liebesobjektes« gemeint hat, also zu der Situation, in der sich das Kind seiner Bedürfnisse bewußt wird und seine guten Objekte wertschätzt, sich aber auch »seiner Unfähigkeit bewußt ist, sie … zu beschützen und zu bewahren« (Klein 1940).

Diese Zustände sind voller Verzweiflung und stehen für die Tiefe der Depression, die überwunden werden muß, wenn man sich der Realität stellen und die Entwicklung voranschreiten soll. Bewegt sich der Patient aus seinem Rückzug hervor, um sich der gegenwärtigen psychischen Realität zu stellen, so muß er anerkennen, daß er in der Phantasie seine guten Objekte durch Vergeltungsakte angegriffen und zerstört hat, was ihn und seine Objekte in einem verheerenden Zustand zurückläßt. Nur dann kann er sich der Aufgabe stellen, seine Welt wiederaufzubauen, und die langwierige und schmerzvolle Aufgabe, Vergebung zu finden und Wiedergutmachung zu leisten, in Angriff nehmen. Wenn der Patient den Schmerz und den Preis für diese Bewegung als zu hoch empfindet, wird er sich in den Schutz einer Omnipotenz zurückziehen, die ihm das Wiederaufrichten einer Identifikation, eine besitzergreifende Kontrolle über das ideale Objekt und das Verbergen seines rachsüchtigen Hasses ermöglicht.

Die beiden Versionen des Ödipuskomplexes existieren in derselben Weise wie die paranoide und die depressive Position nebeneinanderher. Das Individuum oszilliert zwischen ihnen im Laufe seiner Entwicklung wie auch dann, wenn sie in der Übertragung wiederbelebt werden. Oft nimmt der Patient den Analytiker als jemanden wahr, der kraft einer willkürlichen Autorität der Beziehung eine Struktur auferlegt, der er sich entweder zu unterwerfen hat oder gegen die er sich auflehnt. Und der Analytiker kann sich aus Gründen, die mit ihm selbst zu tun haben, von seinem Patienten bedroht und tyrannisiert fühlen. Wie sich m. E. aus dem Verständnis der von mir aufgezeigten verfolgenden Version ergibt, kann der Stillstand nicht durch den Sieg der einen Partei über die andere aufgelöst werden. In jedem Fall binden Ressentiment und verfolgende Schuld die Kontrahenten aneinander. Theoretisch kann eine andere Beziehung entstehen, wenn eine Lösung durch Identifikation aufgegeben wird. Dies geschieht jedoch um den Preis einer depressiven Krise.

Klinisches Material

Ich möchte einen kurzen Bericht von einer Analyse eines postgraduierten Studenten geben, der die Behandlung in einem Zustand akuter Angst und Depression begann, begleitet von schwerer zwanghafter Entschlußunfähigkeit, konkretistischem Denken, Hypochondrie und unbeeinflußbaren Rückenschmerzen. Er hatte gewisse Fortschritte gemacht und war noch einmal zu seinen Studien zurückgekehrt, fand aber sein Forschungsthema zäh und lebte immer noch bei seinen Eltern, obwohl er sich nach einem eigenen Bereich sehnte.

Die erste Sitzung, von der ich berichten möchte, fand kurz vor der Sommerpause statt. Das beherrschende Thema dieses Abschnitts war das Ausbleiben weiterer Entwicklung und seine Hilflosigkeit, die Ereignisse um sich herum zu beeinflussen. Wegen seiner Angst, alleine zu sein, glaubte er, er müsse sich den Forderungen seiner Eltern und Lehrer unterwerfen, wie unvernünftig diese auch sein mochten. In den Wochen zuvor hatten Bauarbeiten unmittelbar neben meinem Behandlungszimmer einen störenden Lärm verursacht. Er beobachtete ihren Fortgang, wenn er auf dem Weg zur Stunde daran vorbeiging.

Eine Montagsstunde begann er mit den Worten: »Es war ein schwieriges Wochenende, und es ist schwierig, nach einer Unterbrechung und auf so beschwerlichem Weg zurückzukommen. Mir ist aufgefallen, daß die Bauarbeiten im Schlamm steckengeblieben sind, so daß man mit den Arbeiten am Fundament nicht weitermachen kann. Ich fragte mich, was dies für die Analyse bedeutet.«

Nach einem Wochenende und besonders vor einer Unterbrechung reagierte er sehr empfindlich auf die Erfahrung, sich alleine gelassen und im Schlamassel zu fühlen. So zog ich sicherlich in Betracht, daß die gegenwärtige Atmosphäre ausbleibender Entwicklung zu dem Bild des Im-Schlamm-Steckenbleibens paßte. Es fiel mir leicht, mich in sein Dilemma einzufühlen, da dies meinen eigenen Gefühlen entsprach, in meiner Arbeit mit ihm steckengeblieben zu sein. Ich nahm seine Bemerkung zur Kenntnis, daß die Bauarbeiten etwas in bezug auf die Analyse bedeuteten. Aber ich nahm ihre volle Bedeutung nicht ganz wahr, teilweise vielleicht deshalb, weil diese Art der Reaktion zu vertraut war. Er schien einen vorwegnehmenden Kommentar zu machen, der bedeuten sollte, daß er sich über etwas so Nebensächliches wie die Bauarbeiten nebenan normalerweise keine Gedanken mache, er aber wisse, daß ich diese Art Beobachtung für bedeutsam hielt. Als ich sie später mit einem weiteren abfälligen Kommentar über Träume in Zusammenhang brachte, wurde mir deutlicher bewußt, daß das Thema der symbolischen Bedeutung seines Materials tatsächlich die Fundamente meiner Arbeit betraf, welche in Frage gestellt wurden.

Der Patient fuhr fort, ein cleveres Manöver mit dem Zugfahrplan zu beschreiben, das es ihm ermöglichte, pünktlich zur Stunde zu kommen. Ich interpretierte dies als weiteren Hinweis für seine Erregung und seinen Triumph. Im Gegenzug reagierte er mit offenerer Verärgerung und sagte: »Ich weiß nicht, worauf Sie eigentlich hinauswollen. Warum ist das ein Triumph? Sicher können Sie sehen, daß ich mein Bestes versuche. Wäre es denn besser gewesen, den langsameren Zug zu nehmen und zehn Minuten zu spät zu kommen?« Dies brachte unsere gegenseitige Verärgerung offener in die Stunde ein. Ich fügte hinzu, ich sähe, daß er sich sehr hilflos und steckengeblieben fühle, wenn er nicht etwas unternehme, um die Kontrolle zurückzugewinnen. In der Sitzung nehme dies die Form an, mich auszumanövrieren, wenn ich seinem Gefühl nach eine überlegene Position einnehme und ihm dabei helfen wolle, sich der Realität seiner Depression zu stellen, die ihm so wenig wünschenswert erscheine.

Meines Erachtens kann man in diesem Wortwechsel ein Beispiel für einen Machtkampf sehen. Der Patient hatte das Gefühl, ich versuche, ihn niederzumachen. Zuerst empfand ich mich als vernünftig und hilfreich, erkannte aber bald, daß ich tatsächlich herablassend und überlegen war. Als die Verärgerung offener in Erscheinung trat, konnte ich deutlicher sehen, daß wir uns beide angegriffen fühlten und darauf reagierten, indem wir uns auf aggressive Weise verteidigten.

Nach einigen weiteren Wortwechseln fuhr er fort und beschrieb ein Treffen mit Betty, der einen Freundin, die von seiner Analyse wußte und die selbst in Therapie war. Betty schlug vor, er solle mir vielleicht mehr von seinen Träumen erzählen. Sie sagte: »Es ist erstaunlich, was die mit Träumen alles machen können!« Der Patient fügte jedoch hinzu: »Ich selbst bin mir nicht sicher, ob Träume einen großen Unterschied machen. Ich hatte aber einen Traum von zwei Kindern, die zusammen vor einem großen Publikum eisliefen.« Hier war ich überzeugter, daß das Thema der symbolischen Bedeutung seines Materials tatsächlich die Grundlage meiner Arbeit betraf und sie in Frage stellte. Als ich seinen Traum zu analysieren versuchte, fand ich, daß ich das darin enthaltene Bildmaterial auch selbst ausagierte. Ich hatte das Empfinden, er stelle sich jemanden wie Betty vor, der Patient und Analytiker dabei beobachte, wie sie sich wie Kinder verhielten und clevere Schritte vor einem Publikum aufführten. Betty mag vielleicht denken, wir können mit Träumen erstaunliche Dinge anstellen, aber er war eindeutig nicht davon überzeugt, daß dies mehr als nur Kunststückchen waren, und ich fühlte, daß wir einem Sturz gefährlich nahe waren. Mir wurde seine Feindseligkeit gegenüber der Psychoanalyse und auch meine eigene Verletzlichkeit allmählich stärker bewußt. Ich erkannte dann, daß eine Achtung gegenüber der Fähigkeit zu symbolisieren für die Psychoanalyse von zentraler Bedeutung ist und daß diese für meine Beziehung zu meinen eigenen guten Objekten stand, die er besonders haßte, wenn er in ihr die Grundlage für meine Arbeit sah. Es war auch etwas, das für ihn, wie er wußte, schwierig war, und das machte ihn auf mich neidisch. Wie das clevere Denken enthält das Eislaufen einen Hinweis auf Gefahr und drohenden Absturz. Es schien für seine Abhängigkeit von cleveren Aktionen zu stehen, um zur Abstützung eines fragilen Selbstgefühls Bewunderung zu erlangen und eine tiefergehende Verzweiflung zu verdecken, mit der nur schwer ein Kontakt herzustellen war. Der Patient betrachtete uns offenbar als einander ähnlich, beide damit beschäftigt, in einer Art Pas de deux eiszulaufen, jeder auf der Suche nach Bewunderung für seine cleveren Schritte. Seine Reaktion auf Betty war eindeutig ironisch, wie es auch die Gedanken über die Nützlichkeit seiner Bemerkungen zu den Bauarbeiten gewesen waren. Diese erstaunlichen Dinge, die Analytiker mit Träumen anstellen können, sind clevere Pirouetten, und es gehört nicht viel dazu, sie als solche zu entlarven.

Einige weitere Stunden

Einige Monate später begann der Patient eine Montagsstunde in einer, wie es schien, etwas anderen Gemütsverfassung. Er erschien zehn Minuten zu spät und erklärte, er sei mit einem langsameren Zug gekommen. Wegen Glatteis auf den Straßen sei er langsamer zum Bahnhof gefahren und habe den Schnellzug verpaßt. Dann beschrieb er eine Feier anläßlich der Verleihung eines Preises an den Direktor der Abteilung, an der er arbeitete. Er wurde gebeten, einen Trinkspruch vorzutragen, aber andere hielten die wichtigen Reden, wobei er besonders verächtlich auf den Umstand reagiert hatte, daß eine dieser Reden von einem Rivalen gehalten wurde, dem er sich überlegen fühlte. Die Stunde wirkte langsamer und nachdenklicher. Sein Abteilungsleiter, den er gewöhnlich für zweite Wahl hielt, erschien als erfolgreicher, von seinen Freunden und Kollegen geachteter Geschäftsmann in einem neuen Licht. Der Patient empfand jedoch, daß die Ehefrau des Direktors bei den Lobreden verlegen wurde, und er glaubte sehen zu können, daß sie erschauderte, als er in seiner Rede auf seine Ehe Bezug nahm.

Die behutsamere, nachdenklichere Stimmung ermöglichte mehr Kontakt mit mir. Ich konnte vorbringen, daß die Beziehung zwischen dem Direktor und seiner Frau die Beziehung zwischen seinen inneren Eltern und auch die von ihm zwischen mir und der Psychoanalyse vorgestellte Beziehung repräsentierte. Ich dachte, er könne akzeptieren, daß seine Eltern eine Beziehung hatten, wie unvollkommen diese in seinen Augen auch war. Es war das Bild von einem stärkeren Vater aufgetaucht, und die Verlegenheit der Frau des Direktors schien mit seiner eigenen Verlegenheit in Zusammenhang zu stehen, wenn ihm bewußt war, daß er seiner Analyse wärmere Gefühle entgegenbrachte. Ich befürchtete, daß die Fähigkeit zu symbolischem Denken noch immer gering war und es nur wenig Bewußtsein darüber gab, daß seine Toleranz für eine bessere Beziehung zwischen seinen Objekten mit der Verbesserung der Beziehung zu mir verbunden war.

Die Veränderung der Atmosphäre war jedoch kurzlebig. Die nächste Sitzung begann er mit der Bemerkung, er habe ein neues Problem. Ungefähr eine Woche zuvor hatte ich erwähnt, daß ich eine Montagssitzung ausfallen lassen würde, und als ich dies sagte, so berichtete er mir jetzt, habe er sofort an die Teilnahme an einer Konferenz in Madrid gedacht, die von Donnerstag bis Samstag dauere.

Dies sei zwar eine hübsche Unterbrechung, würde aber bedeuten, daß er auch die Freitagssitzung versäume, und aus diesem Grund habe er es nicht erwähnt. Das Problem bestehe nun darin, daß das Flugzeug kurz nach seiner Donnerstagsstunde abflog.

Ich deutete ihm, er sei auf der Flucht vor seinen Gefühlen, die in Beziehung zu dem Abteilungsleiter aufgetaucht seien und die einen Wandel in seiner Sicht der Analyse und seines Platzes in ihr dargestellt hatten. Nun mußte er mit dem Problem umgehen, das dadurch entstanden sei, daß ich die Montagsstunde abgesagt hatte.

Er beschrieb, wie seine Lieblingstante Mary, die ihn besuchte, etwas mit ihm plaudern wollte, als er an diesem Morgen aufstand, und ihn fragte, wohin er so früh gehe. Als er antwortete, er »mache Analyse«, dachte sie zuerst, er eigne sich darüber Kenntnisse an. Sie war überrascht, als er erklärte, er komme als Patient, und konnte nicht verstehen, warum er dies nötig habe.

Mir scheint, seine Idee, nach Madrid zu fahren, stützte sein Selbstbild als jemand, der erwachsen und kompetent ist, und seine Tante bestärkte diese Sicht. Als er zugeben mußte, als Patient zu kommen, fühlte er sich klein und verlegen. Von dieser Sichtweise glaubte er, ich wolle sie ihm aufzwingen. Er selbst schien zwischen diesen Sichtweisen hin- und herzuwechseln und wußte nicht, wo sein Standort war. Ich deutete, wenn er sich kompetent und erwachsen fühle, sei das alternative Bild von ihm als jemand, der klein und abhängig sei, demütigend und führe zu einem schmerzlichen Kontakt mit seinen Gefühlen gegenüber der Analyse.

Er sagte, er habe immer das Gefühl der Mißbilligung durch seine Mutter. Er fuhr fort, seinen Ärger über die Art und Weise zu beschreiben, wie sie seinen jüngeren Bruder behandelte. Sein Bruder wohne derzeit bei ihnen, um sich von einer schweren Operation zu erholen, und die Mutter wolle ihn nicht zu lange allein lassen. Der Patient fand es sehr schwierig, seinem Bruder gegenüber irgendein Gefühl der Wärme aufzubringen und betrachtete ihn als einen Eindringling in seinem Haus. Als Reaktion auf die Sorge seiner Mutter erwiderte er: »Du machst dir nicht klar, er ist ein erwachsener Mann!«

Ich deutete sein Empfinden, ich würde seine Sehnsucht nach Zuwendung und Wärme nicht verstehen, und jeder Ausdruck von Gefühl würde als kindisch verspottet werden. Versuche er, durch Erwachsensein damit fertig zu werden, so fühle er sich schrecklich unsicher, als wäre er davon überzeugt, daß alles in einem Desaster enden werde. Ich erkannte, daß er sich erniedrigt und verspottet fühlte. Aber ich denke, er hatte auch das Gefühl, ich mache viel Aufhebens darum, ihn zu lange allein zu lassen, und er fühlte sich nicht unterstützt in seinem Bemühen, sich wie ein erwachsener Mann zu benehmen und mit meinem verlängerten Wochenende zurechtzukommen.

Er beschwerte sich darüber, daß seine Mutter wegen der Krankheit seines Bruders die Heizung aufdrehe. Er stelle sie wieder zurück, bis sie wütend werde und ihn daran erinnere, daß das Haus ihr gehöre. Die Sitzung endete mit einer erneuten Anklage, daß ich seine Reise nach Madrid mißbillige, und mit erneuten Klagen über Rükkenschmerzen.

Diskussion

In großen Teilen seiner Interaktion mit mir wird der Patient von dem beherrscht, was mir als Kampf um Überlegenheit erscheint und verhindern soll, daß ich die Oberhand gewinne. Die Tatsache, daß ich dies als Abwehrkampf eines traurigen und alleine gelassenen Kindes sehen kann, hilft mir nicht, mit ihm in Kontakt zu kommen, weil er diese Sichtweise als herablassend und überlegen von meiner Seite ansieht, als Ausdruck meiner Rivalität und Angst vor seinem Erfolg. Dabei handelt es sich nicht einfach um eine Phantasie oder einen Wahn seinerseits, weil unsere Interaktion, wie wir in den geschilderten Sitzungen gesehen haben, mich manchmal wirklich dazu brachte, eine überlegene Haltung einzunehmen. Von Zeit zu Zeit war es uns beiden möglich, offener zu beobachten, wie zwischen uns eine wechselseitige Rivalität und Aggression auftauchte, und mit Sorge und Bedauern zu sehen, daß die Bedürfnisse des Patienten bei diesem Vorgang vernachlässigt wurden.

Manchmal erschien die Rivalität wie ein cleveres Ansammeln oder Gewinnen von Punkten, aber gleichzeitig hatte sie meines Erachtens die Qualität eines Kampfes auf Leben und Tod, dann nämlich, wenn wir beide das Gefühl hatten, daß die eigentlichen Grundlagen unserer Identität angegriffen wurden.

Ich gelangte dazu, diesen Prozeß als Teil eines aus der Ödipussituation hervorgehenden Machtkampfes zu sehen, in dem mein Patient glaubte, daß entweder er über mich oder ich über ihn triumphieren würde und kein Ausgang zu Weiterentwicklung führen, sondern nur den Status quo aufrecht erhalten würde. Wenn er sich klein und abhängig fühlte, erlebte er dies als meinen Triumph über ihn. Das machte ihn willfährig und erfüllte ihn mit Angst vor meiner Zurückweisung, als hätte ich ihn tatsächlich mit Kastration bedroht. Wenn er umgekehrt mich ausmanövrieren und über mich triumphieren konnte, schien er zu fürchten, er hätte mich verschlungen und zerstört. In beiden Fällen führte das paranoide Resultat zu einem psychischen Rückzug, der auf einer Identifikation mit einem mächtigen, eifersüchtigen und rachsüchtigen Vater beruhte. Das Ergebnis bestand nicht in einem Durcharbeiten der ödipalen Rivalität, sondern in deren Transformation in einen Zustand chronischen Grolls, der jede Weiterentwicklung beeinträchtigte und Bewegungen in Richtung Lebendigkeit, Wißbegierde und Humor erstickte.

Eine andere Art von Kontakt, die meines Erachtens für eine Bewegung in Richtung der depressiven Lösung des Ödipuskonflikts stand, tauchte von Zeit zu Zeit auf, war aber schwierig aufrechtzuerhalten. In den späteren Sitzungen wurde offenkundiger, daß ihn die Erfahrung, ein Kind zu sein, mit sehr schwierigen Gefühlen in Berührung brachte. Als er von der Feier des Direktors berichtete, ließ er eine bessere, wenn auch keineswegs perfekte Beziehung zwischen seinen Eltern gelten und mußte das Bild eines stärkeren Vaters akzeptieren sowie eines Bruders, der eine bedeutsame Rolle spielte.

Solche Kontakte waren jedoch kurzlebig. Seine Rivalität wurde oft durch etwas, was ich sagte oder tat, provoziert, was ihm das Gefühl vermittelte, er müsse sich revanchieren. Als ich z. B. ein verlängertes Wochenende nahm, reagierte er, indem er sofort an eine Reise nach Madrid dachte, und als er darüber endlich in seiner Stunde sprach, begann er einen imaginären Dialog in der Form eines zwanghaften Grübelns, in dem er sich von mir kritisiert und verpflichtet fühlte, sich zu verteidigen.

Wurde dies durchgearbeitet, so fühlte er sich, wie bei seiner Tante Mary, mehr unterstützt. Aber dann wurde er schrecklich aufgebracht und ärgerlich, als er sah, wie sich seine Mutter um seinen Bruder kümmerte, aus Angst, ihn zu lange allein zu lassen, und ihn mit jener Wärme versorgte, die der Patient für sich selbst nicht finden konnte. Wieder konnte diese Stimmung nicht ausgehalten werden, und die eher paranoide Atmosphäre kehrte gegen Ende der Stunde zurück.

Der Kontakt mit einer depressiven Stimmung schien von einer Hinundherbewegung zwischen Analytiker und Patient gestört zu werden, wobei jeder versuchte, Schuldgefühle zu projizieren, wenn er mit einem Elternteil identifiziert war, der ein Kind zu lange allein läßt, und Gefühle von Scham und Demütigung erlebte, wenn er mit dem zurückgelassenen Kind identifiziert war. Ich konnte oft keinen Ausweg aus dieser Sackgasse sehen, und mir wurde mein Bedürfnis nach Unterstützung durch innere Objekte bewußt, welche mein Dilemma verständen, wie z. B. meine Frau oder meine Lehranalytikerin. Der Patient schien meine Beziehung zu solchen Objekten zum Teil deshalb zu hassen, weil er es nicht ertragen konnte, an eine Paarbeziehung zu denken, die ihn ausschloß. Zur gleichen Zeit empfand er, daß ich *seinen* Erfolg schwer ertragen konnte, und versuchte, ihn zu unterminieren, wenn er sich tüchtig und erwachsen fühlte.

Die meisten Diskussionen über den Ödipuskomplex konzentrieren sich auf die Beziehung zwischen Vater und Sohn – vielleicht weil das Thema der Rivalität hier dramatischer und folglich leichter zu identifizieren ist. Die Situation stellt sich natürlich völlig anders in Hinblick auf die Rivalität zwischen Mutter und Tochter, zwischen Mutter und Sohn oder zwischen Vater und Tochter dar, und noch einmal anders in Hinblick auf die Rivalität zwischen Geschwistern oder zwischen Mann und Frau. Auf einer Grundebene bleiben jedoch viele Elemente trotz der Unterschiede in Alter und Geschlecht die gleichen. Ein bedeutsamer Punkt scheint mit der Frage zusammenzuhängen, inwiefern Unterschiede in bezug auf Alter, Größe, Geschlecht oder irgendeine andere Eigenschaft nicht als schmerzliche und natürliche Aspekte der Wirklichkeit erlebt werden, sondern Gefühle von Ausgenutztsein und Unrecht entstehen lassen. Dies zu beurteilen ist in der Tat sehr schwierig, da Ausbeutung und Mißbrauch sowohl im Leben als auch in der Psychoanalyse sehr reale Erfahrungen sind. Sie sind jedoch kein integraler Bestandteil für die Existenz von Unterschieden. Ein Hinnehmenkönnen von Unterschieden ist notwendig für Entwicklung und Kreativität. Aber Unterschiede können auch Neid hervorrufen, und wenn dieser sich an Ungerechtigkeit heftet, kommt es oft vor, daß die Destruktivität ein so großes Ausmaß erreicht.

Viele Patienten glauben, der Analytiker versuche, eine Autorität aufzurichten, der sie sich pflichtschuldig unterwerfen sollten. Dies entspricht dem, was Freud Kastrationskomplex nannte, und beinhaltet die Rivalität zwischen dem Kind und dem Erwachsenen. Bei meinem Patienten wurde der offene Ausdruck von Rivalität häufiger mit seiner Mutter, der dominanten Figur in der Familie, in Zusammenhang gebracht. Sie bewunderte indessen hochgradig ihren eigenen Vater und sah auf ihren Ehemann herab, genauso wie es der Patient tat. Möglicherweise bestand die Rivalität mit diesem Großvater im Inneren seiner Mutter, mit dem er sich, genauso wie sein Vater, zu seinem Nachteil verglichen fühlte.

Was Freud als Penisneid beschrieb, ist ein Problem, das nicht auf weibliche Patienten beschränkt ist. Es scheint mir eine Bewunderung und Überbewertung von Männlichkeit zu beinhalten wie auch eine Sehnsucht nach dem Erlangen einer solchen Bewunderung. Auf einer tieferen Ebene, glaube ich, beruht es auf Neid und Entwertung von Weiblichkeit, die von diesen Patienten als an sich weniger wertvoll erlebt wird. Freud betrachtete den Wunsch nach einem Kind als Kompensation für den Wunsch nach einem Penis, aber ich denke, heute würden wir wahrscheinlich eher die Bewunderung von Männlichkeit als eine Abwehr gegen den Neid auf die Brust und die Mutter ansehen.

Nichtsdestoweniger scheint mir Freud einen grundlegenden Aspekt des Kampfes um Vorherrschaft aufgezeigt zu haben, als er ihn mit der Tätigkeit des Todestriebes in Verbindung brachte, den er als begrenzenden Faktor gegenüber dem, was in der Analyse oder im Leben erreicht werden kann, ansah. In »Die endliche und die unendliche Analyse« (1937c) schreibt er:

> »In therapeutischen ebenso wie in Charakteranalysen wird man auf die Tatsache aufmerksam, daß zwei Themen sich besonders hervortun und dem Analytiker ungewöhnlich viel zu schaffen machen ... Die beiden einander entsprechenden Themen sind für das Weib der Penisneid – das positive Streben nach dem Besitz eines männlichen Genitales –, für den Mann das Sträuben gegen seine passive oder feminine Einstellung zum anderen Mann. Das Gemeinsame hat die psychoanalytische Nomenklatur frühzeitig als Verhalten zum Kastrationskomplex herausgehoben« (S. 96–97).

Er fährt fort und zitiert Ferenczi (1928) wie folgt:

> »... jeder männliche Patient muß dem Arzt gegenüber als Zeichen der Überwindung der Kastrationsangst ein Gefühl der Gleichberechtigung erlangen; alle weiblichen Kranken müssen, soll ihre Neurose als eine vollständig erledigte gelten, mit ihrem Männlichkeitskomplex fertig werden und sich ohne Ranküne den Denkmöglichkeiten der weiblichen Rolle hingeben« (Fußnote S. 98).

Heute, glaube ich, hat diese Aussage andere Implikationen und bleibt dennoch für das Verständnis von Widerstand gegen Veränderung von zentraler Bedeutung. Sowohl männliche wie weibliche Patienten müssen ihren Weg im Umgang mit einem phallischen Typ von Rivalität finden, um fähig zu sein, für ihre Rechte im Leben und in der Analyse zu kämpfen. Beide müssen sich den *Implikationen ihrer weiblichen Rolle* stellen, die wir meines Erachtens heute mit der Notwendigkeit verbinden würden, einen primären Neid auf die Brust und die mütterliche Weiblichkeit zu verstehen und zu tolerieren. Wenn dieser Neid zu stark ist oder zuviel Angst macht, wird es für die Patientin unmöglich, eine achtbare weibliche Identität zu entwickeln. In gleicher Weise verhindert Neid die Entwicklung einer männlichen Identität, die auf einem »Penis als Verbindungsglied« beruht, in der eine kreative und wiedergutmachende Beziehung mit einer Frau toleriert werden kann (Birkstead-Breen 1996).

Freud kommentiert, daß aus seiner Sicht Ferenczi sehr viel von seinen Patienten verlangte, wenn er von ihnen solche Leistungen erwartete. Er beschreibt seine eigene Erfahrung mit den folgenden Worten:

> »Zu keiner Zeit der analytischen Arbeit leidet man mehr unter dem bedrückenden Gefühl erfolglos wiederholter Anstrengung, unter dem Verdacht, daß man ›Fischpredigten‹ abhält, als wenn man die Frauen bewegen will, ihren Peniswunsch als undurchsetzbar aufzugeben, und wenn man die Männer überzeugen möchte, daß eine passive Einstellung zum Mann nicht immer die Bedeutung einer Kastration hat und in vielen Lebensbeziehungen unerläßlich ist« (S. 98).

Diese Bemerkungen bleiben strittig, weil Freud die Bewunderung seiner Patienten von Männlichkeit zu teilen scheint. Für eine Frau ist es sicherlich absurd, den Besitz eines Penis zu idealisieren, aber nicht primär deshalb, weil es unrealisierbar ist. Diese Art Penis ist ein Phallus, der von Individuen beiderlei Geschlechts als Quelle von Bewunderung gewünscht wird, um eine narzißtische Abwehr zu unterstützen, und kein Penis, der als Verbindungsglied zu Objekten und als Mittel für Wiedergutmachung und Kreativität fungieren kann.

Darüber hinaus basiert eine solche Idealisierung von Männlichkeit meiner Auffassung nach auf einer Nichtanerkennung und Entwertung von Weiblichkeit, etwas, das Freud in der Tat als »gewachsenen Fels« des Widerstandes gegen Veränderung erkannte und identifizierte. Er drückt es wie folgt aus:

> »Entscheidend bleibt, daß der Widerstand keine Änderung zustande kommen läßt, daß alles so bleibt, wie es ist. Man hat oft den Eindruck, mit dem Peniswunsch und dem männlichen Protest sei man durch alle psycholo-

gische Schichtung hindurch zum ›gewachsenen Fels‹ durchgedrungen und so am Ende seiner Tätigkeit. Das muß wohl so sein, denn für das Psychische spielt das Biologische wirklich die Rolle des unterliegenden gewachsenen Felsens. *Die Ablehnung der Weiblichkeit*[1] kann ja nichts anderes sein als eine biologische Tatsache, ein Stück jenes großen Rätsels der Geschlechtlichkeit« (S. 99).

Ich bin mir nicht so sicher, daß wir es mit einem gewachsenen Felsen der Biologie zu tun haben, aber ich glaube, daß die Art von Sackgasse, die ich beschrieben habe, von der Schwierigkeit herrührt, Unterschiede zwischen Individuen als fundamentale Tatsache des Lebens zu akzeptieren. Mir scheint, das grundlegende Hindernis besteht vielleicht in der Schwierigkeit, Angriffe auf Weiblichkeit zu verstehen und hinzunehmen, welche den primitivsten Ausdruck des Todestriebes in der Form von Neid auf die Quelle des Guten im Objekt darstellen. Der Kampf um Vorherrschaft, der so oft als Wettkampf zwischen männlichen Rivalen begegnet, dient einerseits der Verschleierung und andererseits dem Ausdruck dieser noch ursprünglicheren Schwierigkeit in unseren frühesten Beziehungen zu unseren Objekten. Nichtsdestotrotz sind die zerstörerischen Effekte dieses Kampfes und das daraus resultierende Ressentiment tiefgehend, und es ist wichtig, die Faktoren zu erkennen, die zu dieser Abwehr führen und sie in der Analyse so schwer behandelbar machen.

Aus dem Englischen übersetzt von Isolde Mäder-Kruse
unter Mitarbeit von Heinz Weiß

Anmerkung

1 Hervorhebung von mir.

Literatur

Birkstead-Breen, D. (1996): Phallus, penis and mental space. Int. J. Psycho-Anal. 61, 39–52.

Ferenczi, S. (1929): Das Problem der Beendigung der Analysen. Int. Z. Psychoanalyse. 14, S. 1. Neuausgabe in: S. Ferenczi, Schriften zu Psychoanalyse, II, hrsg. von M. Balint, Conditio humana, S. 227. Frankfurt a. M.: S. Fischer 1972.

Freud, S. (1912–13a): Totem und Tabu. G. W., Bd. 9, S. 1.

Freud, S. (1924d): Der Untergang des Ödipuskomplexes. G. W., Bd. 13, S. 393.

Freud, S. (1937c): Die endliche und die unendliche Analyse. G. W., Bd. 16, S. 57.

Klein, M. (1940): Mourning and its relation to manic-depressive states. Int. J. Psycho-Anal. 21, 125–153. Deutsch: Die Trauer und ihre Beziehung zu manisch-depressiven Zuständen. Übers. von E. Vorspohl. In: Melanie Klein. Gesammelte Schriften. Bd. III, S. 159–199, Stuttgart: Frommann-Holzboog 1996.

Steiner, J. (1990): The retreat from truth to omnipotence in Oedipus at Colonus. Int. Rev. Psycho-Anal. 17, 227–237.

Steiner, J. (1993): Psychic Retreats: Pathological organisations in psychotic, neurotic und borderline patients. Routledge, London. Deutsch: Orte des seelischen Rückzugs. Pathologische Persönlichkeitsorganisationen bei psychotischen, neurotischen und Borderline-Patienten. Stuttgart: Klett-Cotta 1998.

Steiner, J. (1996): Vergeltung und Groll in der ödipalen Situation, in: Britton, R., Feldman, M., Steiner, J., Groll und Rache in der ödipalen Situation. Perspektiven kleinianischer Psychoanalyse, Bd. 1 (Hg. C. Frank u. H. Weiß). Tübingen: edition diskord 1997, S. 23 ff.

Hermann Beland

Das Verlangen nach völliger Übereinstimmung und die Angst vor Denken und Tun (Oblomows Retreat)

Gontscharows Roman »Oblomow« gilt als der erste in der großen Literatur des russischen Realismus, dem es gelang, mit der Darstellung einer Person das Gesicht einer ganzen Epoche zu beschreiben. Ich habe seit langem nach einer Gelegenheit gesucht, einen mich befriedigenden Zugang zu dem Roman zu finden. Die Behandlung einer Patientin hat mich auf Zusammenhänge aufmerksam gemacht, die das Rätsel Oblomowscher Existenzweise, aber auch die Genialität des Romankonzepts etwas erhellen könnten. Ich möchte diese Zusammenhänge gerne zur Diskussion stellen. Ich bin dem Organisator dieses Symposions, Heinz Weiß, sehr dankbar, daß ich mit diesem Versuch eine Spätsommerblume jenem großen Geburtstagsstrauß hinzufügen kann, der in diesem Jahr aus der ganzen Welt zusammengetragen wird, um Hanna Segal eine Freude zu machen. Was an meinem Versuch brauchbar sein sollte, verdanke ich ihr und dem Kreis ihrer Freunde und Schüler.

Die Faszination der Gestalt Oblomows liegt meiner Meinung nach in einem besonderen Schicksal jener projektiven Identifizierungen, die die Hauptpersonen des Romans einander antun und deren organisierendes Zentrum Oblomow ist. Das Besondere an ihnen ist, daß sie teils wechselseitig, teils im Reigen *akzeptiert werden*. Aus den projektiven Identifizierungen, die Ichfunktionen ausstoßen, deren Delegation vom Empfänger jedoch akzeptiert wird, werden soziale Verbindungen. *Es sind die von den Empfängern akzeptierten und ausgelebten projektiven Identifizierungen, psychische Funktionen Oblomows, die der Projizierende verloren hat, aber in den Realbeziehungen wiedergenießt, die aus Oblomow, den fünf üblen oder gelungenen Hauptpersonen, zusammen mit dem Dorf Oblomowka als*

Subsistenz, eine kleine Körperschaft von besonderen Wechselbeziehungen machen, eine labile psychosoziale Organisation auf Zeit, in der Liebe und Verbrechen die beteiligten Persönlichkeiten in ihre Krise und zu Paarbildungen treiben und in der die gesellschaftlichen Verhältnisse zusammen mit den individuellen Schicksalen ihren sozialsymbolischen Ausdruck finden – alles in und durch die akzeptierten projektiven Identifizierungen. Das Wechselgeflecht akzeptierter projektiver Identifizierungen schafft Oblomows retreat (in Anlehnung an John Steiner 1998 [1993]).

Es gibt in der Untergruppe akzeptierter projektiver Identifizierungen sehr viele verschiedene Formen. Man kann sie in ein Koordinatenkreuz mit den X/Y-Achsen normal – pathologisch (X-Achse) und reversibel – unveränderlich (Y-Achse) einordnen. Sie reichen dann von der therapeutischen Toleranz des Verstehensprozesses, wie Bion sie formuliert hat (im rechten oberen Quadranten), bis zur folie à deux wie bei Don Quichote und Sancho Pansa (im entgegengesetzten linken unteren Quadranten) oder eben bis zur folie à six in Oblomow. Alle vorkommenden möglichen Gegenübertragungen liegen in einem der vier Quadranten. Alle Borderline Persönlichkeitsorganisationen, bei denen pathologische projektive Identifizierungen akzeptiert sind, befinden sich im linken unteren Quadranten. Der Übergang zur depressiven Angst läge am Nullpunkt.

Bei der Patientin, von der ich berichten möchte, weil sie mir den Zugang zum Roman öffnete, handelte es sich um ein rigides Alternativsystem, das aus zwei Subsystemen bestand, deren eines unter dem Gesetz der unbedingt zu akzeptierenden projektiven Identifizierung stand und deren anderes durch ziemlich unerträglich provozierende projektive Identifizierungen charakterisiert war, die dazu führten, daß die hervorgerufenen Reaktionen wiederum akzeptierte Projektionen enthielten. Die Patientin nahm mir in beiden Beziehungssystemen die analytische Luft weg, nicht ganz zwar, aber der analytische Sessel verwandelte sich doch in zwei Prokrustesbetten von entgegengesetztem geistigem Zwang, der wohl den Wechsel zwischen beiden Seiten, aber keine Veränderung ihres Gesamtsystems duldete. In dem einen verlangte sie völlige Übereinstimmung, dekkungsgleiches Verstandenwerden nach dem Muster ihrer Mutterbeziehung, in dem anderen griff sie mein vermeintlich absolutistisches Denken an, das in der vermeintlich apodiktisch geforderten Übernahme meiner Deutungen ihre Unterwerfung und Selbstaufgabe forderte, wie es früher das verachtende und massiv vorurteilsgeprägte Denken ihres Vaters wirklich getan hatte. Das Trennungstrauma am Anfang ihres Lebens und die Kompensation durch fast inzesthafte Verwöhnung, in der die akzeptierten projektiven Identifizierungen steckten, führten zum Glauben an die Existenz einer vollkommen verstehenden Mutter und später, nach deren Verlust, zu einer tiefen Depression. Alle erwähnten Elemente entsprechen der in »Oblomows Traum« beschriebenen Kindheit Oblomows, wie auch die Übertragungsphänomene den im Roman geschilderten projektiven Beziehungen vergleichbar sind.

Bevor ich näher auf die Macht unbewußter Akzeptanz projizierter Funktionen eingehe, möchte ich den Gang der Handlung des Romans unter dem Blickwinkel dieser Hypothese kurz nachzeichnen. Danach soll aus der Untersuchung der betrügerischen Erpressung und Beraubung Oblomows durch Tarantjew und das »Brüderchen«, die die negativen verinnerlichten Objektbeziehungen repräsentieren, die genetische Katastrophe rekonstruiert werden, die Oblomows Charakterpathologie zugrunde liegt, wie sie aus Gontscharows Intuition erschlossen werden kann. Leider kann ich mich aus Zeit- und Platzgründen nicht mit der zeitgenössischen Oblomow-Interpretation auseinandersetzen. Im letzten Jahrzehnt haben mehrere internationale Gontscharow-Konferenzen stattgefunden, deren Vorträge in den herausgegebenen Kongreßbänden vorliegen. Ich möchte lediglich eine Arbeit hervorheben, die auf dem Bamberger Kongreß 1991 von Nathalie Baratoff (1994) über »Oblomov: A Jungian Approach« vorgetragen wurde, der ich wertvolle Anregungen verdanke.

Der Roman beginnt am 1. Mai 1843, einem Samstagvormittag. Auf den ersten 200 Seiten werden wir Zeuge der Bemühungen der sieben Besucher Oblomows, die vergeblich versuchen, ihn zum Aufstehen zu bewegen. »Nicht zu nahe, nicht zu nahe!« empfängt er jeden. »Du kommst aus der Kälte!« – die psychosomatische Ur- und

Abwehrformel Oblomows gegen die Kälte der Welt von Geburt an. Er ist umhüllt von seiner Bettdecke und einem echt persischen Chalat von orientalischer Farbenpracht, Gontscharows Meistersymbol für das Wesen dieses 35jährigen Edelmannes, der nicht richtig leben kann, sondern gelebt werden möchte, und seit zwölf Jahren nur herumliegt. Die unschätzbaren Vorzüge dieses Hausanzugs waren derart, daß er »weich und schmiegsam« war; »der Körper spürte ihn fast nicht; er paßte sich, wie ein gehorsamer Sklave, den geringsten Bewegungen des Körpers an« (S. 8) – genau wie es die Psyche der sechs Hauptpersonen mit den akzeptierten Projektionen, dem Chalat entsprechend, mit Oblomow, der Restpersönlichkeit als Körper, machte oder machen sollte. Die Umkehrung des Symbolverhältnisses ist ebenfalls zutreffend, wenn der Chalat die sich gehorsam unterwerfende willenlose Restpersönlichkeit Oblomows und die herrschend sich anpassenden Projektionen den Körper symbolisieren. Zwei der Besucher gehören zu den Hauptträgern Oblomowscher Projektionen: Tarantjew, der räuberische Betrüger, der der Selbstzerstörung Oblomows projektiv dient, indem er ihn fast um sein gesamtes Vermögen bringt und ihn in die Arme Agafjas und ihres »Brüderchens«, des räuberischen Erpressers, treibt; und Sachar, Oblomows Diener, eine Verkörperung Oblomowkas und der zärtlich-groben Verehrung der alten Herrschaften, vor allem auch des Vaters, an den sich Oblomow nie erinnert; gleichzeitig die Verkörperung der Unfähigkeit Oblomows zu jeglicher Selbstkontrolle, Ordnung der Zeit, des Raumes und der Seele.

Auf die sechs Vertreter der gesammelten Fragwürdigkeit der Gesellschaft, denen Oblomow gesellschaftskritisch die intelligente und rationalisierende Ideologie seiner Willenlosigkeit und seines Ruhebedürfnisses entgegenhält (»Wo bleibt da der Mensch?!«), folgt als siebenter ein Arzt, der Oblomow sein baldiges Ende durch Schlaganfall prognostiziert und ihm zu Diät, Reisen, Lärm und Gelächter rät und ihn »vor allem Denken und geistigen Anstrengungen« warnt. Immerhin werden bis dahin noch sieben Jahre vergehen, von denen das Buch handelt. Erst der achte Besucher, Andrej Stolz, der Jugendfreund, der Hauptträger von Oblomows akzeptierter projektiver

Identifizierung, der Oblomows aktiven Lebenswillen, seine seelische Arbeits- und Wachstumsbereitschaft, seine Intentionalität und Vernunft projektiv ausleben soll, erreicht es mit seiner und Oblomows projizierter Energie, Oblomow zu aktivieren und die zwölf Jahre Petersburger Existenz im Liegen vorläufig zu beenden.

Für das Verständnis Oblomows ist der Beginn seiner regressiven Willenlosigkeit wichtig. Entsprechend seiner akademischen Ausbildung hatte Oblomow in einer Behörde gearbeitet, übertrug auf seinen Vorgesetzten die elterlichen Funktionen aus Oblomowka, bis er eine Akte in die falsche Stadt schickte. Dieses Versehen war für ihn eine derart unerträgliche Schande, daß er, Krankheit vorschützend, seinen Abschied nahm, bevor er seinem Vorgesetzten unter die Augen treten mußte. Von da an ließ er sich immer tiefer in den Zustand sozialer Intentionslosigkeit sinken. Dieselbe extreme Angst vor Schande und Ächtung als sozialem Tod begegnet uns noch zweimal an entscheidenden Knoten der Handlungsketten, dieses Mal als Angst vor Ächtung wegen Rufschädigung einer Frau. Er gerät außer sich bei der Vorstellung, er und Olga, die heimlich Verlobten, könnten zusammen gesehen werden, so daß Olga kompromittiert wäre; und er unterschreibt den Erpressungsvertrag des »Brüderchens«, der ihn seiner gesamten Einkünfte beraubt, weil ein Gerücht ihn mit Agafja zusammendenkt, deren Ruf durch das Gerücht Schaden genommen hätte. Wir werden dieser für Oblomow schrecklichen Idee, der Schädiger einer Frau zu sein, bei unserem Versuch einer Rekonstruktion der traumatisch-pathogenen Phantasieschuld wiederbegegnen. Die verlorene Akte dürfte dieselbe symbolische Anklage, eine Schädigung des väterlichen Eigentums, der Mutter, enthalten haben.

Einen Sommer lang liebt Oblomow Olga Iljinskaja, deren Stimme, Liebreiz, Verstand und Liebe ihn zu erstaunlicher Aktivität bezaubert haben. Auch sie soll ihm ihren Verstand und Willen geben, ohne diese Einwilligung kann er nichts leisten. Dann, unter dem Druck seiner Unfähigkeit, seine und ihre Zukunft zu gestalten, nach Oblomowka zu reisen, Mißstände abzustellen und ein Haus zu bauen, sinkt er wieder zurück, macht Tarantjew und das »Brüderchen«

Matwejewitsch zu Herren über seine Entschlüsse, unterschreibt Verträge, ohne sie zu lesen, die ihn arm machen. Der einzige neue Lichtblick sind die weichen weißen Ellenbogen der Witwe Agafja Matwejewna, die eine gute Frau und eine Meisterköchin der Sonderklasse ist, obwohl fast pseudodebil. Sie reinigt und flickt den alten Chalat, und unter ihrer Fürsorge entsteht in ihrem Haus auf der Wyborger Seite ein neues Oblomowka, nachdem Andrej Stolz den Betrügern Tarantjew und Matwejewitsch das Handwerk gelegt hat und mit seiner sozialen Kompetenz und Tatkraft Oblomow ein letztes Mal gerettet hat. Oblomow heiratet Agafja und sie bekommen einen Sohn. Mit 42 Jahren stirbt Oblomow an Agafjas guter Küche und weichem Körper und an seinem zweiten Schlaganfall.

Ich möchte an dieser Stelle die Beschäftigung mit Oblomows Persönlichkeit unterbrechen und zu meiner Patientin zurückkehren, deren Analyse für mich den Schlüssel zu Oblomows fünf Beziehungen enthielt.

In der Anfangszeit der Analyse fanden die Stunden sozusagen in dem ersten Subsystem, dem der gewünschten und erlebten völligen Übereinstimmung, statt. Frau H. hatte endlich gefunden, was sie nach drei früheren Psychotherapien gesucht hatte: eine richtige Analyse. Sie bekam endlich genügend Zeit, sich ihren Gedanken hinzugeben. Sie verstand das Setting als Gelegenheit, ohne zeitliche Begrenzung, ohne irgendeinen störenden Zwang irgendwelcher Notwendigkeiten oder irgendeiner Verpflichtung, alle Details ihres momentanen Denkens in aller Ausführlichkeit auszubreiten. Es wurde deutlich, daß sie in mir eine nur wohlwollend zustimmende, an allen ihren Einzelheiten interessierte Gestalt sah, die innerhalb der Grenzen der teilnehmenden Affirmation neue Zusammenhänge finden und aussprechen konnte und durchaus auch sollte. Sie selbst verstand sich nämlich nicht. Sie versuchte aber auch nicht wirklich, und schon gar nicht etwa verzweifelt, sich selber zu verstehen und herauszufinden, was ihre Lethargie, ihre Schreibhemmung, ihre Unordnung in allen Bereichen, ihre Verspätungen, ihre hoffnungslosen Verstimmungen mit ihr zu tun hatten.

Ich merkte durchaus nicht gleich, daß ich meine Bemühungen,

sie zu verstehen, ohne es zu wollen, in den Dienst ihrer projektiven Identifizierung gestellt hatte, so nämlich, daß sie sich selber nicht mehr verstehen mußte, weil ich es für sie tat. Dies war die erste der von mir nicht gleich bemerkten *akzeptierten Projektion ihres Verstehens.* Ich verstand wohl dies und das, und ihre schwer depressiven Aktivitätslähmungen verschwanden, aber ihr Verstehen wuchs nicht. Sie schilderte, daß sie wieder auf das normale Niveau sozialer Beziehungen, Interessen und Alltagsbewältigungen zurückgekehrt war. Sie begann wieder zu schreiben, womit sie früher ihren Lebensunterhalt bestritten hatte, was sie aber seit drei Jahren nicht mehr konnte. Sie begann auch, die riesigen Berge von Unordnung in Angriff zu nehmen, die ihre Wohnung erdrückten. In der Analyse gab es beseligende Übereinstimmungserfahrungen. Es gab erschütternde Wiederentdeckungen der Liebessehnsucht nach ihrem Vater, die unter dessen Verachtung ihr gegenüber ganz verschüttet gewesen war. Sie weinte das erste Mal wieder. Im Moment ihres Weinens verschwanden ihre Rückenschmerzen, deretwegen sie mehrere Spezialisten aufgesucht und mehrere organische Behandlungsmethoden versucht hatte, die alle erfolglos geblieben waren. Die Schwellungen ihrer Gelenke, mit denen sie andere Spezialisten und gefährliche Maßnahmen auf sich gezogen hatte, gingen zurück. Sie schilderte, daß sie ähnliche Umschwünge von früher her kannte, wenn auch in kleinerem Umfang und von geringerer Dauer und ohne die psychosomatische Fulminanz. Sie waren immer durch überraschende Freundlichkeiten und wohltuende Begegnungen in Gang gesetzt, durch die Begegnung mit einem liebevollen Mann, durch ihr Cellospiel, durch das Betrachten einer wunderschönen Landschaft, durch Veränderungen also, *in denen sie sich mit einem affirmierenden und sie wunderbar umstimmenden Objekt verbunden fühlte.*

Der Umschwung in das zweite Subsystem konnte nicht lange ausbleiben. Es waren meine Andersartigkeit in Sprach- und Denkgewohnheiten, an denen sie sich stieß, aber vor allem, daß ich ein eigenes Urteil hatte und die Grenzen überschritt, die sie meiner Einfühlung und meinem Urteil gezogen hatte. Mein Anderssein und meine Urteile hatten negative Überichbedeutung. Ein gutes Überich jedoch und eine Selbstbeobachtung, die zu realistischen Selbstbeurteilungen führte, schien es nicht zu geben.

Ein Traum aus dieser Zeit bewies, daß sie ihren Mißbrauch der analytischen Situation unbewußt sehr wohl durchschaute und richtig beurteilte.

> Zwei wunderschön schillernde Mädchen, vielleicht Seejungfrauen, hatten sich in der Gischt der Brandung verborgen und schlüpften blitzschnell und geschmeidig von unten in ein verlassenes, am Ufer festliegendes Boot. Ihre Schönheit war Tarnung, Verstellung. Es waren gefährliche, listige und irgendwie lüsterne Wesen.

Der Traum stand im Zusammenhang ihrer Kindheitsbeziehung zu ihrer Mutter. Ich wußte schon, daß sie nach einer schweren Geburt vier Wochen lang von ihrer Mutter getrennt war, die im Krankenhaus bleiben mußte. Als die Mutter zurückkam, muß sie, wie es scheint, alles darangesetzt zu haben, das Kind für den katastrophalen Anfang zu entschädigen. Das Kind wurde überaus besorgt eingeengt, unselbständig gehalten und mit dem Körper der Mutter verwöhnt. Hiervon berichtete die Patientin jetzt im Zusammenhang des Traumes. Sie behielt z. B. bis zum sechsten Lebensjahr das Recht, mit dem nackten Körper der Mutter zu spielen, zum Trost oder zum Einschlafen. Als Kind hatte sie ein unerschüttertes Besitzbewußtsein auf ihr Sonderverhältnis zur Mutter und war sich der aufmerksamen Umhüllung und des Schutzes durch die Mutter völlig sicher. Die Bewegungen und die Stimmung des Traumes brachten sie zu merkwürdigen Erfahrungen in ihren Liebesbeziehungen als Erwachsene, in denen sie in dem Maße ihre Selbständigkeit und alle Initiative verlor, wie das Verhältnis sexuell befriedigend war. Sie verlor ihre Autonomie an den Partner und konnte sie solange nicht zurückgewinnen, wie das Verhältnis innig blieb. Sie kam durch den Traum auf die tödliche Süße der Sirenenklänge, die an die Mutter wie an die Gefährlichkeit und Hinterlist der Traummädchen erinnerten, auf die Autonomieberaubung als Kind, aber sie war nicht erfreut, als ich sie auf ihre Methode hinwies, mich und die Stunden im Dienste ihrer Umstimmungen umzufunktionieren und mich und sich dann als gefährliche Sirenen (Brüste, Eltern) wiederzuerkennen.

Wie sehr es zutraf, daß ihre Symbioseerfahrungen sie beraubt hatten und zur gewohnheitsmäßigen projektiven Abtretung unverzichtbarer Denkfähigkeiten einluden, bewies sie in der Zeit des Übergangs zur Übertragung der anderen Systemhälfte. Einmal hatte es sie erschreckt, aber als Phänomen auch tief erschüttert, daß sie unmittelbar vor einem Streit mit ihren Eltern, in einer abendlichen Nebelstimmung am Meerufer, aufging, die alle Unterschiede von Land, Wasser und Luft verschwimmen ließ und in der sie mit den Nebelformen, dem Duft und der Stille verschmolz. Für lange Minuten konnte sie nicht wieder aus dieser Gleichsetzung, aus dieser »Übereinstimmung« mit dem eigenartigen Charakter der Landschaft in ihre Normalität zurückfinden, obwohl sie erschrocken war und Angst bekam und aus dem »ozeanischen Gefühl« zurückwollte.

Diese Erinnerung markierte schon den Umschwung in der Analyse. Sie wollte nämlich nicht, daß ich mit diesem Erlebnis etwas anfangen könnte. Einerseits sollte es eine exklusive, sie auszeichnende, eine fast offenbarende Erfahrung sein, andererseits bestand sie mit Heftigkeit darauf, daß eine derartige Erfahrung höchstens hirnphysiologisch erklärt werden könnte und daß ich, wenn ich hier verstehend vorgäbe herangehen zu können, ich ihr lediglich meine Theorien aufzuzwingen vorhätte. Was war geschehen? Ich hatte seit längerem versucht, ihre Unordnung mit ihren Einfällen und den Details in Verbindung zu bringen, die sie so gerne, Zeit und Notwendigkeiten vergessend, ausbreitete. Sie hatte kein Interesse an ihren Verfassungen beim Herstellen der Unordnung, nicht in der Sitzung und nicht zu Hause, und an ihrer Unfähigkeit aufzuräumen. Zuerst höflich und vorsichtig, später mit Nachdruck, bewies sie mir zweierlei:

Zum einen, daß es ganz zwecklos wäre, in den Einzelheiten ihrer Zustände ein Verständnis der Unordnung zu suchen. Sie wäre dann eben in ihrer depressiven Verfassung, hätte kein Verhältnis zu Raum und Zeit, verlöre die Zusammenhänge und Verpflichtungen, und es wäre ein völlig verkehrtes Denken (d. h. mein völlig verkehrtes

Denken), hier *etwas* zu suchen und von etwas ein Verständnis zu erhoffen. Und falls ich etwa im Sinne hätte, daß sie sich moralisch unter Druck setzen sollte, dann würde ich das denkbar Verkehrteste beabsichtigen. Sie wüßte aus Erfahrung, daß alles nur viel schlimmer würde, wenn sie sich zu zwingen versuchte. *Sie müsse umgestimmt werden*, das ganze System müsse ausgetauscht und auf die höhere Ebene gehoben werden, dann wäre sie ganz von alleine ordentlich, weil sie sich dann wieder in den vernünftigen Relationen der normalen sozialen Welt befände.

Das andere, das sie mir bewies, war der generelle Umschwung ihrer Übertragungseinstellung. Sie war jetzt meistens feindlich gestimmt und konzentrierte sich bei allem, was ich sagte, auf die negativen Motive meines Denkens. Sie bewies mir, äußerlich höflich bleibend, aber deutlich enttäuscht und beherrscht aufgebracht, daß meine Einstellung verkehrt wäre, daß sie meinen Machtmißbrauch fühle und daß sie mir wenigstens meine wissenschaftstheoretisch doch völlig haltlose Hypothesensicherheit vorhalten wolle. Diese Vorhaltungen waren wegen der Verdrehungen äußerst provozierend und erweckten, verführerisch ungerecht, falsch und quälend, genau jenes Bedürfnis, das zu Rechthaberei führt: das Bedürfnis, den eigenen Wirklichkeitsbezug zu verteidigen. Wie so häufig in den Übertragungsanklagen von Borderline-Patienten, tat sie mir genau das an, dessen sie mich anklagte: indem sie mich anklagte, ich würde sie absichtlich falsch verstehen, ihr meinen Denkstil, meine Vorurteile, meine Irrtümer aufzwingen, definierte sie mich falsch und zwang mir ihre Vorurteile auf. Dies war die dritte projektive Identifizierung, die ich akzeptieren *sollte*. Diese Akzeptanz versuchte sie zu erzwingen und erreichte damit manchmal, wenn ich mich gegen ihren Zwang wehrte, daß sie auch in diesem Bereich heimlich in meine eigenen Motive schlüpfte, damit ich ihr Sich-wehren, ohne es zu merken, als mein Agieren auslebte – die vierte projektive Identifizierung, aber die zweite, die ich unbemerkt akzeptiert hatte.

Es dauerte lange, bis sie diese Rollenumkehr als das an sich heranließ, was sie war: die Transposition der Binnenverhältnisse ihrer psychischen Teilorganisation in die Übertragungsbeziehung, wobei mir die Rolle ihres Kinderichs zufiel, das von den Falscherklärungen der inneren Eltern mystifiziert wird und gegen die Übermacht von allwissenden Identitätsverzerrungen nicht ankommt.

Es gab dabei glücklicherweise immer wieder, eigentlich gegen Ende fast jeder Stunde, eine Teilanerkennung ihres Bedürfnisses, mit mir intellektuell zu rivalisieren und mich zu besiegen, oder anzuerkennen, daß sie mir nur zuhörte, um mein falsches Urteil über sie anzuprangern.

Man kann aus dieser kurzen und etwas schematischen Beschreibung der beiden Beziehungssysteme, dem mutterzentriert symbiotischen und dem vaterzentriert rivalisierenden, ein pseudoödipales psychisches System, eine gemäß den ödipalen Eltern gespaltene pathologische Persönlichkeitsorganisation hervorheben. Es war das ihr psychisches Rückzugssystem zwischen paranoiden und depressiven Ängsten, das John Steiner beschrieben hat. Bei genauerer Analyse konnte man sehen, daß das sogenannte symbiotische System wie das rivalisierende jeweils beide Eltern enthält, gespalten polarisiert als zwei pervers strukturierte, nach Liebe und Haß geordnete Beziehungsmuster. Gefährlich falsche Identitätsdefinitionen z. B. stammten genetisch (nach der Erinnerung der Patientin) durchaus nicht nur vom Vater, sondern außerordentlich einflußreich auch von der Mutter, die, wie es scheint, mit den Mitteln fast inzesthafter Verführung einerseits und mit verhüllter Todesdrohung andererseits so etwas wie die Enteignung der Autonomie und eine seelische Abhängigkeit erzwang, die fast Ausschließlichkeitscharakter hatte, ganz ähnlich wie bei Oblomow.

Auffällig war die Abwesenheit aller Überichaspekte. Beide Alternativsysteme kooperierten in der erfolgreichen Vermeidung von Verantwortungsgefühlen, von Gewissen, von Schlechtigkeitsgefühlen, von innerer moralischer Verfolgung. Das symbiotische System schien dazu da zu sein, die moralische Dimension des Lebens vergessen zu machen, während das rivalisierende System, das das falsch-definierende Denken verfolgte, auffälligerweise *kein* Interesse an falschen Imperativen oder an moralischem Sadismus zeigte, wie man es hätte vermuten können. In ihren depressiv-hoffnungslosen Zuständen wechselte sie nie in eine Überichposition, mit der sie momentan identifiziert wäre. Ihr Unordnungsproblem wies jedoch u. a. auf einen moralischen Konflikt hin, auf eine permanente Auflehnung gegen jede Art von Sollen.

In der Art und Weise, wie die Patientin sprach, empfand ich in der Gegenübertragung, parallel zu der Abwesenheit aller Überichaspekte, über lange Zeit ein hintergründiges Unwirklichkeitsgefühl, als fehlte die Hauptsache.

Dieser fehlende Bereich existierte besonders nichtexistent nach Analyseunterbrechungen. Regelmäßig folgte eine längere Periode völliger Abkehr vom verstehenden Denken. Sie entwickelte neue psychosomatische Symptome und suchte mehrere Spezialisten auf. Ich konnte sie längere Zeit nicht erreichen. Während und nach einer weiteren Ferienunterbrechung, als eine neue psychosomatische Störung sie quälte und sie ohne Erfolg ziemlich massive Mittel dagegen ausprobierte, war sie das erste Mal für eine Deutung erreichbar, die ihre Symptome als Beweis für den erlittenen Verlust des wohlwollenden und rettenden Objekts beschrieb, und daß ich dieses Objekt nicht war, aber hätte sein müssen. Der Tod ihrer Mutter, wovon sie nie sprach, ließ sich vorsichtig einbeziehen, ebenso ihre Selbstbehandlung als Ausdruck ihrer Trauer. In der nächsten Nacht träumte sie,

> daß zwei Kinder beim Baden untergegangen waren. Die Träumerin versuchte sie zu retten, aber ohne Erfolg. Sie fand sie unter Wasser nicht und wußte nicht, was sie sonst noch machen könnte. Ein zweiter Traumteil war noch elender und ganz schrecklich. Dieses Mal war sie Zeuge, wie eine Gruppe ganz winziger Kinder von einem Auto überfahren wurde und zerquetscht dalag, aber noch lebte. Es gab keine Hilfe für die Kinder. In einem schrecklichen Gefühl, um die Todesqual abzukürzen, erwürgte sie eins nach dem anderen.

Während des Traumberichts wurde die erschütternde Atmosphäre wieder präsent. Der Traum schien zu tun zu haben mit dem Verlust der Mutter, der Schuld der Patientin an deren Krankheit, dem symbiotischen Verhältnis zur Mutter, mit den Gründen für die zu akzeptierenden Projektionen für ihre Erkrankung. Sie hatte im Traum das erste Mal ihre depressive Angst erlebt. Ihre Aktivitätsprojektion erinnert an diejenige Oblomows. – Damit kehre ich zum Roman zurück.

Die Gestalt Oblomows ist eine faszinierende Provokation für das Verstehen. Die Gontscharow-Renaissance des letzten Jahrzehnts beweist mit ihren zahlreichen Veröffentlichungen, daß jeder individuelle wissenschaftliche Zugang, sei er soziologisch, literarwissenschaftlich in vielen Aspekten, philosophisch oder psychoanalytisch, das Rätsel dieser Persönlichkeit von neuem zu lösen versuchen muß, weil alle bisherigen Deutungsversuche nicht zufriedenstellen. Es geht hier wie mit Albert Schweitzers »Geschichte der Leben-Jesu-Forschung«: So viele Autoren, so viele Leben Jesu, so viele Oblomows. Dieser fatal inaktive Mensch bringt die Jahre seines relativ kurzen Lebens damit zu, seinen frühen seelischen Tod endlich real einzuholen – »Mein Leben begann mit dem Verlöschen«, sagt er zu Stolz (244) –, aber das Geheimnis dieser Willenlosigkeit ist nicht einfach zu begreifen. Oblomow geht es in seinen großen Lebensbeichten nicht anders. »Ich weiß alles, verstehe alles, habe jedoch keine Kraft und keinen Willen«, sagt er zu Stolz, und genau dies versteht er nicht. Er wendet sich halb verzweifelt an seinen Freund, der eine anti-oblomowsche Erziehung genossen hat und der seit der Kindheit wie sein anderes, stellvertretendes Ich zu ihm gehört: »Gib mir deinen Willen und Verstand und führe mich, wohin du willst. Hinter dir werde ich vielleicht herlaufen können, aber alleine komme ich nicht von der Stelle« (243/244). Und Stolz entspricht dieser Bitte. »Ich will versuchen, dich aufzurichten, vielleicht zum letztenmal.« Hier haben wir die akzeptierte projektive Identifizierung. Wir erfahren dann, daß die Umstimmung durch Stolz soweit gelingt, daß Oblomow mit »der Fäulnis der Begriffe und Sitten« und dem »lethargischen Schlaf« (Gontscharows kritische Begriffe der Oblomowschen Erziehung, zitiert nach Peter Thiergen 1994, S. XII) solange aufhört, wie er sich von Olgas Liebe *in Präsenz* bestimmen und verändern läßt. Aber die Bemühungen beider scheitern. Stolz weiß nicht, daß Oblomow seinen, Oblomows, Willen und Verstand in ihn, Stolz, projiziert hat, er weiß nicht, daß er ein Gefangener Oblomows sein soll, der nicht darum bittet, seinen eigenen Willen und Verstand zurückzukriegen, sondern Stolz' Willen und Verstand. »Gib mir deinen Willen und Verstand und führe mich, wohin du willst.« Ebenso muß Olga ihr pädagogisches Liebeswerk, Oblomow von den Toten aufzuerwecken, der Einsicht preisgeben, »daß ihr allein die erste und entscheidende Rolle in der Geschichte ihrer gegenseitigen Liebe zufallen würde und daß man von ihm nur einen tiefen Eindruck, leidenschaftlich träge Unterordnung, ewige Harmonie mit jedem Schlag ihres Pulses, aber keinerlei Regung des Willens und keinerlei aktive Gedanken erwarten konnte« (307).

Beide, Stolz und Olga, versuchen mit den stärksten denkbaren Mitteln der Überzeugungsarbeit, der Deutung (»Das ist alles nur Oblomowerei!«), vor allem mit allen Überzeugungskräften der Freundschaft und der Liebeserschütterung, Oblomow wieder in den Besitz seiner primären Aktivitätstüchtigkeit zu bringen, die er sich enteignet hat. Sie scheitern an der zähen Stabilität der Persönlichkeitsorganisation Oblomows. Oblomow wehrt sich mit Erfolg gegen die Reintrojektion seiner durch Projektion ausgestoßenen und für ihn verlorengegangenen Fähigkeit zu seelischer Arbeit im weitesten Sinne. Er, der sich völlig unfähig fühlt, sich gegen Betrug, Beraubung und Erpressung zu wehren, wehrt sich erfolgreich gegen die verlockende Versuchung, sich neu zu orientieren. Es ist wie in einer mißlingenden Psychoanalyse. Dreimal überwindet Olga Oblomows depressiv organisierte Passivität, Resignation und extreme soziale Angst, dreimal erobert Oblomow die Inaktivität seines gescheiterten Lebens zurück. Der größte Teil seiner aggressiven Kräfte ist in die eiserne Organisation investiert, die seine friedvolle Selbstzerstörung betreibt, der Rest in Tarantjews und des »Brüderchens« Akzeptanz der Projektion Oblomows.

Gontscharow beschreibt die Momente der kurzen Bekehrungen durch Olgas kluge Liebe genau als Reintegration der verlorenen Fähigkeiten, die also, obwohl projektiv ausgestoßen und in die befreundeten Persönlichkeiten evakuiert, weiterhin vorhanden waren. Er beschreibt auch die raffinierte Strategie, eine Reintegration nur als Pseudoaneignung, als prothetische Realbeziehung zu erlauben. Oblomow will sich nur dann mit seinem eigenen Willen und Vernunft wieder verbinden, wenn seine Freunde in die Bedingung einwilligen, ihren eigenen Willen und Vernunft über und für Oblomow herrschen zu lassen und nicht zu merken, daß sie mit dieser Einwilligung seinen enteigneten Willen als ihren akzeptieren würden.

Nach der Bekehrung durch den Fliederzweig, »die Blüte des Lebens«, sagt Oblomow »wie im Fieber«:

> »Das Leben, das Leben erschließt sich mir wieder, da ist es, in Ihren Augen, in Ihrem Lächeln, in diesem Zweig, in der ›Casta diva‹ ... alles ist da ...« ... »Er war plötzlich von den Toten auferstanden. Auch sie erkannte Oblomow nicht wieder: das mürrische und verschlafene Gesicht hatte sich in einem Augenblick verwandelt, die Augen weiteten sich, auf den Wangen spielten rote Flecken, die Gedanken gerieten in Bewegung, *in den Augen blitzten Wünsche und Wille.* Auch sie erkannte in diesem stummen Mienenspiel, daß Oblomow mit einem Schlag ein Lebensziel erschienen war« (311).

Es war ein anderes Lebensziel mit der Kraft zur Umorganisation. Aber es verwelkt wie der Fliederzweig. Olga erkennt die heimliche Destruktivität in Oblomows beklemmenden Liebesverzichten, die, indem sie seinem Narzißmus und der Erhaltung seines angstgesteuerten Systems dienen, Olgas Liebe angreifen. Sie wehrt sich erstaunlich hellsichtig und lernt am eigenen Leibe die Schmerzen verstehen, durch die das Kind Oblomow hindurchgegangen sein muß. Als Oblomow sich wieder einmal von ihr trennen wollte, gibt es folgenden Wortwechsel:

> »Lassen Sie wenigstens meinen Absichten Gerechtigkeit widerfahren, Olga?« sagte er leise. »Es wäre ein Beweis, wie teuer mir Ihr Glück ist.« – »Ja, teuer!« sagte sie seufzend. »Nein, Ilja Iljitsch, Sie hat wohl der Neid gepackt, daß ich so still und friedlich in meinem Glück war, also haben Sie sich beeilt, dieses Glück zu trüben« (340).

Das ist hervorragend beobachtet und beschrieben. Unter den Bedingungen des Oblomowschen Systems des trägen Dahindämmerns,

d. h. unter den Bedingungen der projektiven Identifizierung aller aktiven und aller aggressiven und aller aktiv liebevoll-sexuellen Fähigkeiten mit ausgesuchten Trabantenpersonen, die für ihn aktiv, kriminell und liebend sein müssen und die sich ihrerseits mit der Projektion einverstanden erklären müssen; unter den Bedingungen des Oblomowschen Retreats ist er der Ausnahmemensch, der etwas besitzt, »das wertvoller ist als aller Verstand«, wie Stolz seinen Freund Oblomow rühmt, »nämlich ein ehrliches, treues Herz« (620). Und weiter heißt es, idealisierend:

> »Keinen einzigen falschen Ton hat sein Herz von sich gegeben, kein Schmutz ist an ihm haftengeblieben ... Niemals wird sich Oblomow vor dem Idol der Lüge verbeugen, in seiner Seele wird es immer rein, licht und ehrlich zugehen ... Welch eine kristallklare, durchsichtige Seele« (620).

Doch kaum hat seine Liebe zu Olga ihn etwas stärker integriert und wieder mit Selbstachtung und Aktivitätsverlangen verbunden, da zeigen sich auch die narzißtisch destruktiven Absichten, die abgespalten und projiziert waren. Oblomow versucht, Olga in ein gemeinsames soziales Verderben zu ziehen (Ende des zweiten Teils), und ist narzißtisch gekränkt, daß sie nicht aus Liebe zu ihm seine Geliebte werden und sich sozial ächten und sterben lassen will, und das alles, um sich die Aktivitäten zu ersparen, die zur Heirat notwendig wären.

Die Schilderung von verschiedenen Formen der Selbstdestruktion Oblomows ist Gontscharow ganz erstaunlich zutreffend gelungen. Sie wird in der Geschichte der Interpretation des Romans m. E. bisher nicht aufgegriffen und nicht verstanden. Gontscharow läßt keinen Zweifel daran, daß Oblomows träges Dahindämmern der Tendenz nach suizidal zu verstehen ist. Oblomow nähert sich gefährlich dem Zustand, den Hanna Segal als Empirie des Todestriebs charakterisierte. Gontscharow gibt einige Hinweise auf die Art der psychischen Katastrophe, mit der Oblomow am Beginn seines Lebens fertig werden mußte. Er legt Oblomow mehrmals Worte in den Mund, die die Überzeugung ausdrücken, daß sein Leben von Anfang an aus dem Geleise der normalen Entwicklung geraten sei, von Beginn an verloren war. »Mein Leben begann mit dem Verlöschen.« Obwohl Gontscharow keine Kenntnis der Gesetze haben konnte, die die Entwicklung und Organisation der unbewußten Persönlichkeit beherrschen, beschrieb er in Übereinstimmung mit einer unbewußten Kenntnis der Zusammenhänge den Charakter Oblomows, als kenne er die Genese seiner Persönlichkeitsstörung. Im Gegensatz zur Persönlichkeit des Andrej Stolz, die eine Idealkonstruktion als Gegenbild von Oblomow sein sollte, die Verkörperung der gesellschaftsreformierenden Ideen Gontscharows, die künstlerisch nicht gelang, auch nach dem Urteil des Autors nicht lebensecht wurde, ist die Gestalt des Oblomow psychologisch derart zutreffend und zuverlässig charakterisiert, daß man psychoanalytisch aus den verinnerlichten Objektbeziehungen, die sich in den Realbeziehungen der Gegenwart des Romans ausformen, auf die traumatische Verarbeitung der infantilen Objektbeziehungen schließen kann.

Damit rücken die Gestalten Tarantjews und Iwan Matwejewitschs, des »Brüderchens« der späteren Frau Oblomows, Agafja Matwejewna, in den Vordergrund unserer Betrachtung. Unter den fünf Paarbildungen, jenen pathologischen Realbeziehungen, die aus akzeptierten und gelebten projektiven Identifizierungen bestehen und die dadurch konkretistische wie symbolische Gleichsetzungen werden, also Oblomow und Stolz, Oblomow und Olga, Oblomow und Agafja, Oblomow und Sachar, ist jene verderbliche Verbindung mit Tarantjew und dem »Brüderchen« die aufschlußreichste, was die Genese von Oblomows unglücklicher Passivität betrifft. *Über Tarantjew erfahren wir, wie das Kind Oblomow die Erziehung zur Oblomowerei erlebt hat: als Beraubung, als erzwungene projektive Identifizierungen von Geburt an.* Immer wenn Tarantjew auftaucht, wird die Teilnahme des Lesers an dem Geschehen zu einer bedrückenden Unerträglichkeit. Es braucht die ganze Kunst Gontscharows, Komik aus Grotesken zu entbinden, damit die identifizierende Lektüre einigermaßen erträglich bleiben kann. Tarantjew ist Oblomow gegenüber ein mächtiger und tyrannischer Narzißt, dem Oblomow anscheinend völlig ausgeliefert ist, nachdem er sich ihm auf eine, wie es scheint, höchst widernatürliche Weise unterworfen hat. Nur Oblomow gegenüber ist Tarantjew eine aufgeladene Verkörperung der manischen Abwehr, ein erfolgreicher Hochstapler, der über Oblomow mit lauten Worten herrscht, ihn verachtet, ihn hintergeht, ihn bis zum Ruin ausraubt. Er hat diese Macht über Oblomow, weil auch er die projektive Identifizierung der inneren Objekte Oblomows akzeptiert und Oblomow gegenüber auslebt. Er kann dies realisieren, indem er Oblomows unsäglich große Angst ausnutzt, die dieser vor dem Moment der sozialen Schande hat, wenn er bei einer Aufgabe versagt, wenn er etwas nicht kann, was man können müßte. Dieselbe Angst bringt Oblomow dazu, sich den hinterhältigen Betrüger Iwan Matwejewitsch als Ratgeber und Organisator seines Ausgeraubtwerdens zu erwählen, das »Brüderchen« seiner erwünschten Agafja.

Tarantjew und Matwejewitsch sind die Symbole der negativ idealisierten Eltern der Kindheit und der inneren Welt Oblomows. Ihre idealen, freundlichen Gegenspieler als innere Elternbilder werden von Stolz/Olga und Agafja realisiert. *Fesselung* (durch unterschriebene Verträge), *Erpressung* (durch die Androhung vernichtender Schande) und *Raub* (des gesamten Vermögens) sind die Beziehungsformen, mit denen Tarantjew und Matwejewitsch Oblomow und Agafja ruinieren. Es sind jene Beziehungsformen, die Oblomow haben passiv werden lassen, die die innere Welt Oblomows seit seiner Kindheit beherrschen, die er projiziert hat.

Die Erziehung im Herrenhaus von Oblomowka, die im »Traum Oblomows« mit freundlicher Ironie als weltverleugnende Idylle geschildert wird und deren Ideal die Herbeiführung der Verdauungsruhe des Mittagsschlafs aller war, muß auf das Kind Ilja Iljitsch so gewirkt haben, daß alle autonome Aktivität in der Beziehung zur Welt, d. h. zur Mutter, alle aktiven Triebwünsche und alle aktiven Ichziele als vernichtender, erpresserischer Raub des mütterlichen und des elterlichen Vermögens definiert und mystifiziert wurden. In diesem Sinne sagt Oblomow in einem der seltenen klaren und bewußten Augenblicke zu sich:

»Irgend jemand hatte ihm die von der Welt und vom eigenen Leben dargebotenen Schätze gleichsam gestohlen und in seiner eigenen Seele vergraben. Irgend etwas hinderte ihn daran, sich in die Arena des Lebens zu stürzen und darin mit allen Segeln des Verstandes und des Willens zu kreuzen. Irgendein geheimer Feind hatte seine schwere Hand gleich zu Beginn seines Lebensweges auf ihn gelegt und ihn weit fortgestoßen von der eigentlichen menschlichen Bestimmung … Was sich in seinem Leben noch ereignete, war auf mikroskopische Ausmaße zusammengeschrumpft, aber nicht einmal mit diesen Ereignissen wurde er mehr fertig; er ging nicht vom einen zum anderen, sondern wurde von ihnen, wie von Welle zu Welle, hin und her geschleudert … Verstand und Wille waren schon längst und anscheinend unheilbar gelähmt … Von dieser geheimen Beichte vor sich selber wurde ihm das Herz schwer. Fruchtlose Reue über die Vergangenheit, brennende Gewissensbisse marterten ihn wie Nadelstiche. Er versuchte mit allen Kräften, die Last dieser Vorwürfe von sich abzuschütteln, einen Schuldigen außerhalb seiner selbst zu finden und den Stachel gegen diesen zu kehren« (127/128).

Die letzte genetische Frage betrifft die Herkunft des Räuberischen. Diese Frage betrifft die soziologische Dimension des Romans, die der Roman nach der Intention seines Autors haben soll und die seit der ersten Rezension des Romans von Dobroljubow die Geschichte der Interpretation über viele Jahrzehnte bestimmt hat. Fesselung, Erpressung, Raub sind das Wesen der Leibeigenschaft, die sich in der falschen Erziehung zur Inaktivität gegen das Kind der Herrschaft selbst gewendet hat. Diese Erklärung ist zutreffend, aber sie schneidet das Verständnis der innerpsychischen Vermittlung der pädagogischen Tragödie ab. Die zentrale genetische Frage lautet, weshalb das Kind Oblomow glaubte, daß es räuberisch wäre. Die Geschichte der Liebe zu Olga bestätigt in den neuen häßlichen Einstellungen Oblomows, zu denen er durch die prothetische neue Aktivität gelangt, daß das Kind die Gleichsetzung von aktiven Wünschen und aktiven Taten mit Raublust geglaubt hat, *weil es sich als räuberisch erkannte und die räuberische Aktivität zusammen mit ihrer Schuld projizierte.* Im Zentrum jeder Aktivität liegt das Denken, das Bewußtsein der Aktivität und das Bewußtsein der Folgen. Wenn Aktivität und Denken die Bedeutung annehmen, daß eine »nahezu vollkommene Brust«

räuberisch zerstört wurde, wird Aktivität und Denken unerträglich und wird projiziert. Ohne Anerkennung dieser tragischen innerpsychischen Zwischenschicht greift jede soziologische und gesellschaftskritische Interpretation Oblomows zu kurz.

Meiner Meinung nach liegt die enorme soziologische Bedeutung dieses Romans in der Darstellung der unbewußt durch die Sozialisationsgruppe hervorgerufenen Ängste, Spaltungen und Projektionen, die als akzeptierte und agierte projektive Identifizierungen zu außerordentlich zähen Realbeziehungen werden. *Induzierte projektive Identifizierung einerseits wie akzeptierte und agierte projektive Identifizierung andererseits sind die psychoanalytisch benennbaren direkten Transformatoren von Innerpsychischem in Gesellschaftliches und umgekehrt.* Das ist meiner Erinnerung nach keine ganz neue Erkenntnis. Die gruppentheoretisch orientierten Analytiker, die von Melanie Klein und Bion ausgehen, haben diese Mechanismen beschrieben. Erstaunlich ist nur, daß Gontscharow diese Zusammenhänge intuitiv erfaßt hatte.

Es bleibt die Frage nach dem Anfang der räuberischen Aktivität. Gontscharow scheint überzeugt davon gewesen zu sein, daß, bleiben wir bei unserer Interpolation, Oblomows Impulse, die Brust und/oder die Mutter auszurauben, induziert worden sind. Die Mittel waren 1. Angst vor den bösen Mächten, Geistern, Zauberern, Kinderfressern, vor dem Wald und vor der Schlucht als Abgrundsymbole, 2. seelische und körperliche Verwöhnung und 3. physische Fesselung bei den kleinsten Krankheiten. Der endgültige Triumph der Oblomowschen Erziehung über die Aktivität des Jungen wird in der Szene beschrieben, als der ausgerissene Oblomow, der sich mit den Dorfjungen schlägt und bis dicht an die Schlucht herangekommen ist, von den Bauern eingefangen, in Felle gewickelt und auf den Schultern nach Hause getragen wird. Ein noch deutlicheres Symbol desselben Erfolgs stellen jene Gänse dar, die vierzehn Tage vor dem Schlachttag in einen Sack gebunden, aufgehängt und bewegungslos genudelt werden, damit sie vor Fett triefen.

Das ist auch das Ende Oblomows. Die akzeptierten projektiven Identifizierungen sind, bis auf diejenige mit Agafja, sämtlich zerfallen, ohne daß Oblomows Fähigkeiten wieder sein Eigentum geworden wären. Verstand, Verpflichtung und Wille bleiben im Guten wie im Bösen in einem Jenseits des Oblomowschen Eden. Tarantjew und das »Brüderchen« sind von Stolz vertrieben und für immer eingeschüchtert. Das räuberische Übel existiert jetzt nur noch in Agafjas Mütterlichkeit, die ihn mit allen Köstlichkeiten der oralen Verwöhnung überschüttet, zu denen auch ihr weicher Körper gehört, sozusagen der »einfache und breite Sarg seines kurzen restlichen Daseins« (629). Stolz und Olga fühlen Oblomows Ehe mit Agafja als unüberwindliche Mauer, die sie von Oblomow und ihrer Hoffnung für ihn endgültig trennt. Nein, sie übernehmen die Erziehung von Oblomows und Agafjas kleinem Sohn, als Agafja nach Oblomows Tod darum bittet. Stolz und Olga führen eine ideale Ehe und sind mit ihren Kindern eine ideale Familie, das Modell der gesellschaftlichen Zukunft, der nach Gontscharows nicht wirklich lebensechten Schilderung nur eines fehlt: die Augustinische Ruhe (in Gott). Ihre Herzen bleiben unruhig. Und Oblomow selber? Er hat seinen Frieden mit sich gemacht, hatte kaum noch einen reuevollen Anfall von bitterer Einsicht in sein Leben. Er bildete die entlastende Überzeugung aus, daß sein Leben dazu »vorherbestimmt worden sei, die Möglichkeit der ideal ruhigen Seite des menschlichen Daseins zum Ausdruck zu bringen« (629) und genießt seinen Rückzug in den Oblomowschen Frieden, der in Agafjas völligem und völlig kritiklosem Verständnis besteht.

Eine Großtat hat er allerdings noch vollbracht: er hat, zwar nicht sich, aber seinen Freund Stolz gegen Tarantjews wütenden Rivalitätsneid verteidigt und Tarantjew eine gewaltige Ohrfeige gegeben. Das war die aktive Entlassung Tarantjews aus der akzeptierten projektiven Identifizierung des geraubten Lebens. Diese Ohrfeige entspricht der von Betty Joseph (1994 [1989], S. 105 ff.) geschilderten Integration von Aggression in das Selbstbild, die in der Analyse schwer passiver Menschen erreicht werden kann.

Bion hat einmal eine Beobachtung und eine Überlegung dazu mitgeteilt, die die Frage nach der Ursache von Oblomows Unglück (und dem meiner Patientin) einer möglichen Antwort näherbringt:

»Die Unfähigkeit der Mutter, die projektive Identifizierung des Säuglings zu akzeptieren, und die Verkoppelung eines solchen Versagens mit Störungen beim Verstehen ergänzen sich mit Komplikationen, die auftreten, wenn die Mutter extrem verständnisvoll ist, insbesondere wenn sie dieses extreme Verständnis der Fähigkeit verdankt, projektive Identifizierungen *zu akzeptieren.* Die damit einhergehende Reaktion ähnelt einer Charakterstörung, einem Widerwillen, sich um einer neuen Phase willen mit dem Verlust eines idyllischen Zustandes abzufinden, sowie der Unterdrückung der neuen Phase, weil sie Unlust mit sich bringt. Ich möchte den Bereich der sprachlichen Kommunikation vor diesem Hintergrund von Halluzinose, projektiver Identifizierung, Spaltung und Verfolgung betrachten, die akzeptiert werden, als handelte es sich um ideale Glückszustände. Das Gefühl von Wohlbefinden, das durch den Glauben an die Existenz einer vollkommen verstehenden Mutter (oder eines vollkommen verstehenden Analytikers) hervorgerufen wird, fügt der Angst vor dem Haß auf Gedanken, die eng mit der »Nicht-Brust« verbunden sind und daher als ununterscheidbar von ihr empfunden werden können, etwas Zwanghaftes hinzu. Man klammert sich an einen schmerzhaften psychischen Zustand und nimmt sogar Depression in Kauf, weil die Alternative als noch schlimmer empfunden wird: nämlich daß Gedanken und Denken bedeuten, daß eine nahezu vollkommene Brust zerstört worden ist« (Bion 1997 (1965), S. 90/91).

Bions Sätze passen so gut zu Oblomow, daß es scheint, er hätte an Oblomow gedacht, als er sie schrieb. Mir haben sie dabei geholfen, das Phänomen der pathologischen akzeptierten projektiven Identifizierung in der Gegenübertragung auf meine Patientin zu verstehen. Ihre Analyse wurde dann für mich zum Schlüssel für die Persönlichkeit Oblomows.

Oblomows System der fünf konkretistischen Realbeziehungen, die die akzeptierten Projektionen realisieren, ist Gontscharows erstaunliche Leistung einer intuitiven Gestalterfassung, die die individuelle Psyche und die Gesellschaft verbindet. Möglicherweise laufen alle gesellschaftlichen Prägungen, die gleichzeitig pathologisch und kulturspezifisch sind, über den Mechanismus der akzeptierten projektiven Identifizierung. Sollte sich diese heuristische Idee bestätigen, wäre Oblomow nicht nur das Gesicht seiner Epoche, sondern das Beispiel aller Epochen.

Literatur

Baratoff, N. (1994): Oblomov: A Jungian Approach. In: P. Thiergen (Hg.), Ivan A. Goncarov. Leben, Werk und Wirkung. Böhlau Köln, S. 191–200.

Bion, W. R. (1965): Transformationen. Übersetzt von E. Krejci. Suhrkamp Frankfurt a. M. 1997.

Gontscharow, I. A. (1859): Oblomow. Aus dem Russischen übertragen von Josef Hahn. dtv Ausgabe von Winkler München 1960. Deutscher Taschenbuch V. München 1980.

Joseph, B. (1989): Über Passivität und Aggression. Ihre Wechselwirkung. In: Psychisches Gleichgewicht und psychische Veränderung, E. Bott-Spillius und M. Feldman (Hg.). Klett-Cotta Stuttgart 1994, S. 105 ff.

Neuhäuser, R. (1980): Nachwort. In: I. A. Gontscharow, Oblomow, dtv weltliteratur 2076. Deutscher Taschenbuch Verlag. München 1980, S. 657–674.

Segal, H. (1978): On symbolism. Int. J. Psycho-Anal. 75, S. 315–319.

Steiner, J. (1993): Orte des seelischen Rückzugs. Pathologische Organisationen bei psychotischen, neurotischen und Borderline-Patienten. Klett-Cotta Stuttgart 1998.

Thiergen, P. (Hg.) (1994): Ivan A. Goncarov. Leben, Werk und Wirkung. Bausteine zur Slavischen Philologie und Kulturgeschichte, Reihe A, Slavistische Forschungen. N. F. Bd. 12–72. Böhlau Köln.

Autorinnen und Autoren

Hermann Beland, Psychoanalytiker in Privatpraxis, Lehranalytiker am Berliner Psychoanalytischen Institut. 1988–1990 Vorsitzender der Deutschen Psychoanalytischen Vereinigung. Zahlreiche Veröffentlichungen zur Theorie und Technik der Psychoanalyse, zur Gesellschaft, zum Antisemitismus, zur Literatur.

Hermann Lang, Prof. Dr. med., Dr. phil., Psychiater, Psychoanalytiker und Facharzt für Psychotherapeutische Medizin. Studium der Medizin, Philosophie und Psychologie in Heidelberg und Paris. Seit 1990 Lehrstuhl für Psychotherapie und Medizinische Psychologie an der Universität Würzburg. Vorstand des Instituts für Psychotherapie und Medizinische Psychologie. Seit 1992 Präsident der Deutschen Gesellschaft für anthropologische und daseinsanalytische Medizin, Psychologie und Psychotherapie. Veröffentlichungen auf den Gebieten Psychoanalyse, Psychotherapie, Psychosomatik, Medizinische Psychologie, Psychiatrie und Philosophie.

Helen Schoenhals, Dr. med., Fachärztin für Psychotherapeutische Medizin. Psychoanalytikerin in freier Praxis. Lehranalytikerin der Deutschen Psychoanalytischen Vereinigung am Frankfurter Psychoanalytischen Institut. Zahlreiche Veröffentlichungen zur Theorie und Technik der Psychoanalyse.

Hanna Segal, Dr. med., Lehranalytikerin der Britischen Psychoanalytischen Gesellschaft. Sie war Vorsitzende dieser Gesellschaft und stellvertretende Präsidentin der Internationalen Psychoanalytischen Vereinigung. Zahlreiche Veröffentlichungen, zuletzt u. a.: »Wahnvorstellung und künstlerische Kreativität« (1981), »Traum, Phantasie und Kunst« (1991) sowie »Psychoanalysis, Literature and War« (1997).

Erika Simon, Prof. Dr. phil., Archäologin, 1964–1994 Lehrstuhl für klassische Archäologie an der Universität Würzburg, zur Zeit Professorin an der Florida State University, USA. Veröffentlichungen zur griechischen, römischen und etruskischen Kunst und Religion.

John Steiner, Dr. med., (M. B., CH. B., Ph. D., F.R.C. Psych., D.P.M.) ist Lehranalytiker der Britischen Psychoanalytischen Gesellschaft und arbeitet in privater Praxis. Früher war er Consultant Psychotherapist an der Abteilung für Erwachsene der Tavistock Klinik. Sein besonderes Interesse gilt Borderline-Patienten. Er war Präsident der Vereinigung für psychoanalytische Psychotherapie im nationalen Gesundheitsdienst und Präsident des Wissenschaftskomitees der Britischen Psychoanalytischen Gesellschaft. Zahlreiche Veröffentlichungen, u. a.: »Orte des seelischen Rückzugs. Pathologische Organisationen bei psychotischen, neurotischen und Borderline-Patienten« (1993).

Heinz Weiß, Prof. Dr. med., Psychoanalytiker (DGPT; DPV, St.G.), langjähriger Oberarzt am Institut für Psychotherapie und Medizinische Psychologie der Universität Würzburg, seit 1999 Chefarzt des psychosomatisch-psychosozialen Konsiliar- und Liaisondienstes am Robert-Bosch-Krankenhaus, Stuttgart. 1992/93 visiting scientist an der Tavistock Klinik, London. Guest Member der Britischen Psychoanalytischen Gesellschaft. Veröffentlichungen zur Theorie, Geschichte und Behandlungstechnik der Psychoanalyse sowie zur neurologischen Psychosomatik.